D1513391

LES RÊVES

Dans la même collection

GEOFFREY A. DUDLEY

LES RÊVES

traduit de l'anglais par
Corine Derblum

Collection
Développez vos pouvoirs par...
Éditions Garancière
11, rue Servandoni
PARIS

Titre original :

Dreams

© 1979 Geoffrey A. Dudley

© 1985, Éditions Garancière pour la présente édition

ISBN : 2.7340.0101.2

SOMMAIRE

1

Les théories anciennes
face à la science moderne

Au cours de ces dernières années, l'étude des rêves s'est trouvée relancée par des découvertes faites dans les laboratoires de psychologie. De ces nouvelles recherches, une image du rêve plutôt différente de celle qui faisait traditionnellement autorité est apparue.

On a considéré, pendant des siècles, que l'esprit humain relevait du domaine du philosophe. Les spéculations avancées au sujet de sa nature s'élaboraient sur une base métaphysique. Ce qui était vrai pour la psychologie en général s'appliquait tout autant à cette partie d'elle-même qui concernait le rêve. Ce ne fut pas avant l'avènement de la recherche expérimentale que la psychologie se sépara de sa discipline-mère, et que le faisceau de l'investigation scientifique commença à se concentrer sur l'univers mystérieux du sommeil.

L'ancienne tradition est bien représentée par des approches philosophiques telles que celles que révèle le « Somnium Scipionis » de Cicéron dont, aussi révélateur qu'il ait pu paraître en son temps, on ne peut plus considérer qu'il fournit des données suffisantes pour l'homme moderne si exigeant.

L'invention de l'électro-encéphalographie donna l'idée d'examiner les ondes cérébrales de sujets endormis. On demanda donc à des volontaires de dormir au laboratoire, où il était possible d'enregistrer leur électro-encéphalogramme. L'étude de la configuration de ces ondes produites au cours du sommeil a mené à d'intéressantes conclusions sur la nature des rêves et de leurs rapports avec le sommeil.

Elle a révélé, par exemple, que les rêves se produisent de manière périodique, à intervalles réguliers d'environ une heure et demie entre deux poussées d'activité. Elle a aussi montré que la durée d'un rêve peut varier entre dix et trente minutes, ce qui contraste de manière frappante avec les théories passées, selon lesquelles les rêves n'avaient qu'une durée momentanée et une grande partie de leur contenu pouvait être comprise dans un court laps de temps.

L'avantage de cette approche scientifique de la psychologie du rêve est qu'elle permet d'éveiller un dormeur aussitôt que ses ondes cérébrales montrent qu'il est en train de rêver. On obtient alors de sa part une relation bien plus fiable du rêve qu'il faisait avant d'être réveillé. Il est bien connu que les gens ont du mal à se souvenir des rêves qu'ils ont faits, mais grâce à l'application de la méthode scientifique dans ce domaine, cet obstacle est à présent surmonté.

La théorie, antérieure aux révélations de la science, d'après laquelle les rêves n'auraient qu'une durée très courte peut être illustrée par l'exemple classique rapporté par Maury, un des premiers à faire des recherches sur la question. Il avait rêvé qu'il vivait sous la Terreur, au temps de la Révolution française, et qu'il allait être décapité sur l'échafaud. En sentant la lame de la guillotine lui trancher la tête, il s'éveilla pour découvrir qu'une partie de son lit s'était effondrée sur sa nuque. L'explication donnée traditionnellement est que le lit s'était effondré *avant* le rêve, qui se produisit pendant le bref intervalle séparant le moment où son cou avait été frappé et celui où le choc l'avait réveillé. Quelle que soit la créance qu'on lui avait autrefois accordée, cette explication ne peut plus aujourd'hui être acceptée. Les recherches auxquelles Kleitman s'est livré à l'Université de Chicago depuis 1952 ont mis en doute sa validité.

Kleitman a particulièrement fixé son attention sur les mouvements que font les yeux d'une personne qui dort. Il fit en sorte d'enregistrer ces mouvements simultanément avec les données encéphalographiques des courants électriques, amplifiés, du cerveau. Il découvrit que ces mouvements rapides coïncidaient avec des changements dans la structure des ondes cérébrales. Une fois réveillés, les sujets qui avaient manifesté ce phénomène déclaraient avoir rêvé. Ils étaient habituellement incapables de relater un seul rêve si on les réveillait pendant la période d'immobilité de leurs paupières. Kleitman en déduisit que ces mouvements oculaires indiquaient l'occurrence d'un rêve. Les deux éléments concordaient si parfaitement qu'il semblait vraiment que les dormeurs suivaient des yeux les péripéties d'un rêve.

Par exemple, l'un d'entre eux raconta avoir rêvé de deux personnes qui se lançaient des tomates ; or, on avait constaté que ses yeux faisaient de rapides mouvements de va-et-vient, comme s'il observait ce qui se passait. Les autres sortes de mouvements oculaires semblaient également correspondre au genre d'action que le sujet avait mentionné comme faisant partie de son rêve.

L'une des preuves apportées par ces études en laboratoire a plutôt confirmé que réfuté une théorie antérieure sur le rêve : l'idée très répandue que nous ne nous souvenons plus, au réveil, que d'une fraction des rêves que nous avons faits au cours de la nuit. Les chercheurs ont corroboré cette opinion lorsqu'ils ont noté qu'une personne qu'on laissait dormir au laboratoire, sans la déranger de toute la nuit, ne parvenait pas plus à se rappeler son rêve que si elle avait dormi ailleurs.

Deux autres chercheurs qui se consacrent à ce nouveau domaine qu'est l'étude scientifique du rêve, Shapiro et Goodenough, ont établi des comparaisons entre deux groupes de New-Yorkais. Le premier était formé de personnes qui affirmaient ne jamais rêver, et le second de gens qui affirmaient le contraire. On contrôla le sommeil de l'ensemble de ces personnes au moyen de la technique décrite plus haut, sans trouver aucune différence dans la récurrence des rêves des deux groupes de dormeurs. Il en découle que personne ne rêve plus que les autres, ainsi qu'on le croyait auparavant, mais que certains ont une meilleure mémoire de leurs rêves.

Il semblerait qu'en fait tout le monde rêve à intervalles réguliers au cours de la nuit. Ce n'est peut-être pas surprenant étant donné que nous faisons tous l'objet de tensions extérieures qui bloquent nos impulsions naturelles. C'est de cet élément de « refoulement », comme le nommait Freud, que les rêves prennent leur origine.

L'étude faite par Shapiro et Goodenough prouva cependant de façon certaine que les gens auxquels il était arrivé de ne pas pouvoir raconter leur rêve montraient plus d'hésitation à affirmer qu'ils avaient rêvé. « J'étais endormi mais je pensais » fut l'excuse généralement invoquée par ceux qui relatèrent cette expérience.

Nous devons à Dément, l'un des confrères de Kleitman, la découverte que la structure des ondes cérébrales associées aux mouvements oculaires rapides est semblable à celle qu'on obtient en observant un sujet à l'état de veille. Cela suggère l'idée que la forme de conscience d'un dormeur qui rêve est plus proche de celle qu'il a lorsqu'il est éveillé que de celle qui correspond aux périodes d'absence de rêve.

Dément fit trois autres découvertes intéressantes :

● Les périodes d'activité cérébrale sont brèves au début du sommeil mais augmentent en durée au fur et à mesure. Nous venons de voir que ces périodes coïncident avec les mouvements oculaires rapides et indiquent qu'une phase de rêve a commencé. Cela signifie que nos rêves sont courts lorsque nous venons de nous endormir, mais que ceux qui précèdent notre réveil sont plus longs.

● Sur une durée de huit heures de sommeil, cette activité se produit à intervalles réguliers d'environ une heure et demie. La première phase de rêve, qui dure à peu près neuf minutes, survient après une heure de sommeil. La deuxième, qui dure 19 minutes, a lieu une heure et demie plus tard. La troisième, de 24 minutes, se produit aussi une heure et demie plus tard. Après un intervalle similaire, la quatrième phase arrive et dure 28 minutes. Il y a encore un laps de temps d'une heure trente avant la cinquième qui se prolonge jusqu'à ce que le dormeur reprenne conscience.

● La profondeur du sommeil est plus faible pendant les dernières phases de rêve. Faut-il en déduire que l'une des fonctions du rêve est de préparer l'esprit au réveil ? En tout cas il semble que ce soit vraiment ce qui se passe lorsque nous dormons.

Des psychologues britanniques se sont eux aussi penchés sur la question et leurs recherches ont confirmé certaines des découvertes de leurs collègues américains. Par exemple, Oswald a étudié, à l'Université d'Edimbourg, les mouvements oculaires de personnes qui étaient aveugles de naissance. Il serait plus exact de dire qu'il a étudié l'absence de ces mouvements, car il découvrit qu'ils étaient inexistants. On sait que les personnes frappées de cécité à la naissance ne ressentent pas d'impressions visuelles lorsqu'elles rêvent. Les images se fondent sur le souvenir, or elles sont dans ce cas démunies du support de la mémoire visuelle. En prouvant que ces sujets n'avaient pas besoin de bouger les yeux parce qu'ils ne regardaient rien dans leur sommeil, les résultats obtenus par Oswald ont établi le bien-fondé de ceux des chercheurs américains qui pensaient que les mouvements oculaires reflétaient l'attention portée par le dormeur à ce qu'il voyait dans son rêve.

Nous avons déjà mentionné le fait que ces études ont jeté un doute sur l'idée que tout ce qui apparaît dans un rêve se produit en un éclair. La technique du contrôle des ondes cérébrales permet de mesurer avec précision le temps nécessaire pour rêver d'une action, qu'on a comparé à celui requis pour accomplir réellement la même action. On a découvert qu'il n'y avait aucune différence entre ces deux situations. Cela rejette la notion d'extrême rapidité des événements qui se produisent à l'intérieur d'un rêve, qu'on appuyait sur des exemples tels que le rêve de guillotine fait par Maury.

Nous voyons donc que, confrontées à la science moderne, certaines théories résistent mieux que d'autres. La science a fait sortir l'étude du rêve du domaine du philosophe pour l'installer dans les laboratoires de recherche psychologique. L'étude expérimentale a eu recours à l'électro-encéphalographie, qui a fourni des enregistrements révélant des phases d'activité de rêve, qui se produisent à intervalles réguliers et dont la durée augmente au cours de la période totale de sommeil. De telles études ont détrôné l'idée que dans un rêve, tout est très rapide en prouvant qu'il faut autant de temps pour rêver d'une action que pour la réaliser.

Nous voyons aussi que la profondeur du sommeil décroît du début à la fin, au fur et à mesure qu'il se poursuit, et que la récurrence des rêves se détecte par les rapides mouvements oculaires du dormeur, qui semblent indiquer qu'il suit du regard les événements qu'il imagine dans son sommeil. Enfin, nous savons à présent qu'il était juste de penser, comme on l'a toujours fait, que l'on rêve bien plus qu'il n'est normalement possible de s'en souvenir au réveil.

2

Une nouvelle manière de considérer les rêves et le sommeil

Au moins une fois par jour en règle générale, la nature fait en sorte que l'on abandonne toute emprise sur la réalité pour profiter d'une période d'un sommeil profond et naturel. L'organisme ne supporterait pas longtemps de fonctionner sans répit entouré des conflits et des fausses valeurs du monde extérieur. C'est pourquoi, toutes les vingt-quatre heures, on se retire dans l'univers intérieur qu'est le sommeil, pour régénérer les énergies physiques affaiblies par le stress subi pendant les heures de veille.

Ainsi que nous l'avons vu dans le premier chapitre, on a établi ce qui se passe lorsqu'on s'endort naturellement, par l'étude des structures des minuscules courants électriques produits par le cerveau au cours du sommeil comme à l'état de veille. Les ondes cérébrales sont amplifiées par électro-encéphalographie, et reproduites par des stylos mécaniques qui les transcrivent sur des rouleaux de papier. Les mouvements oculaires créent aussi une activité électrique et peuvent donc également être transcrits.

Cette recherche a démontré que le temps de sommeil se divise en quatre étapes. La première commence lorsque, encore éveillé, on reste conscient tout en se préparant à dormir ; les ondes cérébrales indiquent une structure régulière qui dénote un état de décontraction et de relâchement de la pensée. Cette structure se retrouve aussi dans l'état d'abstraction qui caractérise une personne qui réfléchit profondément ou qui rêvasse.

La deuxième étape annonce la véritable venue du sommeil. Mais à ce stade on peut soudain avoir un sursaut et redevenir conscient. Le nom exact de ce sursaut de lucidité est le spasme myoclonique. Si l'on se réveille brusquement, on peut avoir l'impression de n'avoir pas dormi du tout.

Cependant, une fois qu'on est bien endormi, la troisième étape survient rapidement, et l'électro-encéphalogramme se met à enregistrer de vifs sursauts d'activité cérébrale. Une personne réveillée à ce moment-là peut encore avoir l'impression de ne pas avoir vraiment dormi.

Lors de la quatrième étape, des ondes de structure plus lente apparaissent. Un ralentissement général des activités physiques se produit. Le cœur du dormeur bat à un rythme plus lent, sa température corporelle et sa tension artérielle baissent : c'est la phase de sommeil profond.

Ce niveau est atteint environ une heure et demie après qu'on se soit endormi. Cela continue pendant une vingtaine de minutes, puis le sommeil se fait plus léger. On dirait qu'on parcourt à reculons tous les degrés qui ont mené au sommeil profond. On devient progressivement de plus en plus « éveillé » jusqu'au retour à la deuxième étape, quatre-vingt-dix minutes plus tard.

Ce cycle alternatif de sommeil léger et profond continue tout au long de la nuit. Au cours d'une nuit normale de telles alternances se produisent quatre ou cinq fois. On passe peu à peu de moins en moins de temps dans la quatrième phase, jusqu'à ce que finalement on se réveille, le matin venu.

Nous avons assimilé la période de sommeil à la nuit, car c'est généralement le cas, mais ce qui vient d'être décrit s'applique également si l'on dort le jour.

Nous avons aussi vu qu'on peut enregistrer les mouvements oculaires qui se manifestent pendant le sommeil. Cette opération révèle que les mouvements lents se produisent au cours des deuxième, troisième et quatrième phases. Lors du retour à la phase I, ils deviennent rapides.

Ils indiquent qu'on est en train de ressentir très vivement des rêves, dont on se souviendrait si l'on était éveillé immédiatement. Pendant ces périodes, rappelons-le, les yeux du dormeur bougent sous les paupières closes pour suivre l'action qui a lieu dans le rêve.

Le rêve dont on se souvient au matin est habituellement celui qui s'est produit durant la période précédant le réveil. Mais nous savons à présent qu'on rêve à plusieurs reprises au cours de la nuit. On oublie les autres rêves à moins de s'éveiller aussitôt après les avoir faits.

Il est maintenant établi qu'ils surviennent non

seulement pendant les périodes correspondant aux mouvements oculaires rapides, mais aussi lorsque ces mouvements sont plus lents. Il existe néanmoins une différence dans le type des rêves. Dans le premier cas, ceux-ci sont vifs et d'une durée prolongée, tandis que dans le second, ils sont moins vivaces, et plutôt brefs, un peu comme des images qui nous viendraient lorsque nous rêvassons.

D'après ce qui a déjà été dit le lecteur peut constater que deux fausses idées très répandues se trouvent réduites à néant. L'une est que certaines personnes ne rêvent jamais — il est prouvé que tout le monde rêve au cours de l'activité cyclique décrite plus haut. Ce qui diffère n'est pas la quantité de rêves que font les gens, mais la qualité de leur aptitude à s'en souvenir.

En second lieu, ces connaissances nouvelles sur l'activité du rêve sapent la croyance populaire selon laquelle il serait provoqué par une indigestion. En réalité, nous rêvons avec ou sans indigestion. Mais elle peut être à l'origine d'un stimulus qui va perturber notre sommeil et être incorporé à la fabrication d'un rêve que nous aurions fait de toute manière.

On pensait autrefois que l'insomnie était néfaste parce qu'elle nous privait de sommeil ; on sait aujourd'hui qu'elle l'est parce qu'elle nous empêche de rêver. Il semble que les rêves soient essentiels à la santé mentale. Des troubles de la personnalité se manifestent chez des gens qu'on empêche de rêver en les privant totalement de sommeil. Nous avons, bien-sûr, besoin de dormir pour régénérer nos ressources physiques, en particulier nos tissus cérébraux. Mais nous avons aussi besoin de rêver pour fournir un exutoire à notre imagination et à nos besoins psychologiques inconscients. C'est un point que nous examinerons plus en détail au chapitre 3.

Nous avons mentionné deux types de rêves, les uns, très vifs et s'accompagnant de mouvements oculaires rapides, et les autres, plus confus, qui surviennent à d'autres moments du cycle de sommeil.

Il y en a pourtant un troisième, qui se manifeste d'habitude pendant la première phase du sommeil. Il s'agit du rêve hypnagogique, ou vision, qui appartient à la frontière nébuleuse qui sépare l'état de veille de celui de sommeil. Il se caractérise par des sensations physiques inhabituelles et d'étranges hallucinations qui prennent souvent la forme de visages ou de paysages. Un rêve hypnagogique est souvent en couleurs, bien que cet aspect puisse se retrouver dans les deux autres types de rêves, surtout ceux qui s'accompagnent de mouvements oculaires rapides. Nous discuterons plus longuement de ce type particulier au chapitre 13.

Pour la plupart des gens, l'intérêt du rêve est surtout la lumière qu'il apporte sur ce qui se passe au tréfonds de l'esprit d'une personne qui dort. Si c'est pour cette raison que l'on s'y intéresse, on peut utiliser les deux formes principales du rêve pour comprendre avec plus d'acuité le mécanisme interne des phénomènes psychiques qui forment la personnalité.

Prenons un exemple précis. Dans son livre,

« Dream Power » (paru chez Hodder et Stoughton en 1972), Ann Faraday raconte l'un de ses rêves : elle attendait, à la porte de derrière de Buckingham Palace, la reine qui devait revenir du Royal Marsden Hospital de Chelsea, dans sa voiture.

Son commentaire porte sur l'interprétation habituelle de la reine comme symbole de la mère ; la reine représente donc la propre mère de l'auteur. Elle trouve un sens particulier à la référence à l'entrée de derrière, lié aux lavements que sa mère lui administrait dans son enfance. Elle voit dans la voiture un symbole sexuel, en accord avec l'interprétation freudienne du symbolisme des rêves.

Nous pouvons accepter cette analyse, qui donne à l'auteur une compréhension considérable de la signification de son rêve. Mais il nous faut cependant émettre la critique qu'elle ne va pas assez loin, car elle ne tient pas compte du thème principal du rêve, qui est l'attente.

Attendre est en fait l'une des occupations majeures de la vie d'une femme. « Des femmes qui attendent » est la traduction littérale du titre suédois d'un des films d'Ingmar Bergman — dont tous les films montrent l'âme féminine sous une nouvelle perspective. Il y montre comment les femmes attendent la venue de celui qu'elles aiment, la naissance de leur bébé, l'arrivée à l'âge adulte de leurs enfants. Elles attendent que la ménopause les délivre de l'enfantement, elles attendent que la mort les libère de la vie elle-même.

Le rêve traite donc d'une remarquable différence qui sépare les deux sexes. Il met fortement en contraste le rôle de la femme, l'attente, et celui de l'homme, qui est traditionnellement l'action.

Ce rêve indique la possibilité que l'auteur tente de se réconcilier avec la conception du rôle féminin. Elle se donne elle-même l'assurance que si elle attend elle sera finalement récompensée par la venue de ce qu'elle attend. Il se peut aussi qu'elle essaye de se convaincre que ce qu'elle attend en vaut vraiment la peine, que l'accomplissement de son désir par la vie finira par compenser la période où elle aura attendu.

Il y a bien d'autres notions que celle de l'attente qui peuvent vous aider à rechercher votre attitude fondamentale à l'égard du symbolisme de ce que vous avez vu en rêve, et vous pouvez établir un lien entre tel symbole et son utilisation dans d'autres domaines, comme la littérature. Par exemple, si le thème de votre rêve est l'attente, vous pourriez y voir un rapport avec votre interprétation de la pièce de Samuel Beckett, dans laquelle Godot, attendu par deux vagabonds, ne viendra jamais. Vous pouvez vous demander ce qui, dans les idées avancées par l'écrivain, trouve un écho dans la vie d'une femme qui rêve qu'elle attend.

Ce simple exemple devrait nous encourager à élargir nos perspectives. Notre but est de comprendre la signification de la vie intérieure qui entre en activité tout au long des quatre phases du sommeil, selon un processus que la science moderne a établi comme le trait commun de nos rêves à tous.

3

Les rêves influencent-ils notre santé mentale?

Dans les chapitres précédents, nous avons vu comment, grâce à l'utilisation de l'électro-encéphalographie, les psychologues ont réussi à élucider de nombreuses questions concernant le rêve. Une autre découverte intéressante qui a résulté des recherches en laboratoire est que les sujets dont on interrompait fréquemment le sommeil pour leur faire raconter leurs rêves se mettaient à rêver à intervalles plus courts que celui, habituel, d'une heure et demie.

Il semble que les rêves aient la fonction thérapeutique indispensable de libérer les gens des tensions de la vie quotidienne. Si quoi que ce soit interfère dans ce système de soupape de sûreté, qui est peut-être la clé de notre santé mentale, la nature réaffirme son influence bénéfique en faisant en sorte de compenser ce que nous avons perdu. Elle nous permet de nous retirer plus souvent dans le monde du rêve.

Cela pourrait expliquer pourquoi l'on pense généralement que l'insomnie est dangereuse. Mais le mal viendrait non pas tant de la privation de sommeil que de celle de l'occasion de rêver.

Des travaux récents dans d'autres domaines ont jeté une plus grande lumière sur cette découverte. Des chercheurs ont observé des sujets dans des conditions de stimulation minimale. C'est-à-dire que des volontaires ont été payés vingt dollars par jour pour se laisser enfermer dans des sortes de caissons qui les empêchaient de toucher, de voir ou d'entendre grand-chose. Fort peu d'entre eux furent capables de supporter ces conditions plus de 72 heures, malgré l'attrait de la rémunération. Les sujets qui persévérèrent commencèrent à avoir des hallucinations. On dirait que l'esprit crée ses propres stimulations sous forme de visions si les voies normales qui le lient au monde extérieur sont coupées.

Cela pourrait s'appliquer également aux rêves. En nous endormant, nous nous trouvons privés de la stimulation que nos sens nous procurent à l'état de veille. Afin de pallier à cette privation, l'esprit fabrique des rêves qui pourraient bien préserver notre santé mentale, compromise si le sommeil était « vide ».

Il semble que cela s'applique aussi aux visions qui nous viennent à l'état de veille. Lors de l'effondrement d'une mine en Allemagne de l'Ouest, onze mineurs furent emprisonnés sous terre. Deux semaines s'écoulèrent avant que les sauveteurs parviennent à les ramener à la surface. D'après un rapport médical, les privations qu'ils avaient subies avaient provoqué des hallucinations. « L'un d'eux », déclare le rapport, « voulait rentrer chez lui en creusant dans le roc. Un autre tenta de traverser les parois en courant. Un mineur connu pour son bon sens était persuadé de se trouver dans une prairie en fleurs. Il disait qu'il cueillait des cerises et conversait perpétuellement avec sa femme ».

Dans ce cas précis, ce qui c'est produit est une rupture des voies habituelles de stimulations que procure le monde extérieur. Prisonniers de l'obscurité, sans aucun contact normal avec l'extérieur, les mineurs ont subi des conditions identiques à celles décrites plus haut, mais pendant une durée infiniment plus longue. Incapables de supporter la tension imposée par cette absence de stimulations, leurs cerveaux ont eux-mêmes produit des hallucinations pour en recréer. Même s'ils étaient dans un état physique assez lamentable lorsqu'ils ont été secourus, ces hommes auraient pu perdre totalement la raison si l'apaisement mental apporté par des visions n'avait pas agi tout au long de leur terrible épreuve.

Dans certains pays, la police secrète utilise ce mécanisme délibérément pour faire des « lavages de cerveau » aux prisonniers et pour en obtenir des aveux. Des prisonniers de guerre ont, de la même manière, subi de tels lavages de cerveau. En privant leurs victimes de sommeil et de stimulation mentale, les geôliers les brisaient intellectuellement, leur extorquaient des informations, et implantaient des idées dans leurs esprits. Les prisonniers politiques sont contraints à demeurer éveillés pendant des heures durant par des interrogateurs qui, eux, se relaient pour les questionner. Lorsque le manque de sommeil commence à épuiser le cerveau, l'esprit tend à avoir des hallucinations. De plus, le prisonnier doit subir des épreuves réelles comme voir des films obscènes, qu'on lui impose dans le but de le troubler et de rendre difficile pour lui la distinction entre la réalité et la fiction. Sa perte de contact avec le monde extérieur, et la peur qu'il éprouve au sujet de son avenir contribuent à créer des sources de confusion supplémentaires, auxquelles l'imagination répond par de nouvelles hallucinations. Le prisonnier devient influençable et réceptif à des idées étrangères à sa manière normale de penser.

Éric Chou, un journaliste chinois, raconte, dans « A Man Must Choose » (Longman, 1963), comment il fut amené par ce procédé à faire des aveux complets, dont une large part était imaginaire, au cours des quatre années qu'il passa dans les prisons communistes.

Même dans les pays démocratiques, l'inquiétude publique s'est manifestée, à propos des méthodes policières, devant un comité de juges de la Cour Supérieure.

Selon la loi anglaise, personne ne peut-être retenu au poste de police contre son gré, à moins d'avoir commis une infraction, ni contraint à répondre à des questions. Pourtant le simple fait d'aller au poste implique une perte de contact avec l'environnement ordinaire. De plus, les interrogations répétées de différents policiers peuvent occasionner un certain degré de fatigue, contre lequel l'esprit se révolte, et qui provoque un désarroi. Le suspect s'imagine qu'il a fait et dit des choses, l'imagination créant des visions pour fournir une compensation à la tension occasionnée. On peut s'incriminer soi-même simplement en confondant ce qui s'est réellement passé et ce que l'esprit fait imaginer dans l'affolement où l'on se trouve d'être traité comme un suspect.

« Le nombre de fois où les méthodes de la police ont abouti à de faux aveux » écrit un journaliste dans un article du « Sunday Telegraph », « ne peut être connu avec exactitude. Mais une grande quantité de cas sont notoires ».

Le rôle compensateur de l'imaginaire dans le soulagement des tensions de la vie réelle est incontestablement illustré par la créativité de l'imagination des poètes, des écrivains, des musiciens et des artistes de toutes sortes. Par exemple, Robert Louis Stevenson fut réveillé au petit jour par sa femme, inquiète de l'entendre pousser des cris d'horreur. Il lui en fit le reproche car son rêve décrivait un superbe conte d'épouvante, qui devait devenir « L'étrange cas du Dr Jekyll et de Mr Hyde ». Warwick Deeping raconta lui aussi avoir fait un rêve et s'être levé à cinq heures du matin pour le transcrire dans une nouvelle. On dirait que l'esprit a besoin de l'élément irrationnel pour contrebalancer notre tendance à surmener pendant la journée la partie rationnelle de notre nature.

Il arrive que les rêves traitent directement du besoin de rester sain d'esprit ou de la peur de perdre la raison. Un jeune homme qui se plaignait d'avoir peur de devenir fou illustre parfaitement ce cas. Il raconta un rêve dans lequel il avait vu le diable. Le diable représentait les « mauvais » désirs qu'il réprimait et dont il ne serait plus tenu pour responsable s'il devenait fou. Son rêve exprimait la crainte qu'il avait de sa propre nature ainsi qu'un désir de s'échapper dans la folie, grâce à laquelle il aurait pu donner libre cours à toutes les pulsions qu'il refoulait. Il utilisait le rêve pour fuir les terreurs qui l'obsédaient lorsqu'il était éveillé. C'est à ses rêves qu'il devait entièrement sa santé mentale.

Il est intéressant d'observer qu'aucune réduction des intervalles séparant les rêves ne se produit si le sujet est éveillé régulièrement à des moments où l'enregistrement de son activité cérébrale et de ses mouvements oculaires montre qu'il n'est pas en train de rêver. Cela signifie que bien qu'on le réveille et le prive de sommeil, on ne supprime pas l'occasion de rêver que le sommeil lui procure. Il n'est donc pas nécessaire que son activité onirique s'intensifie en compensation, ainsi qu'elle le ferait si le sujet était réveillé au beau milieu d'un rêve.

Dément et son collègue Wolpert se sont livrés à une expérience inhabituelle : ils ont humecté légèrement le visage des dormeurs au moyen d'un brumisateur, pendant l'une des phases de rêve. Lorsqu'ils s'éveillaient, les sujets relataient invariablement un rêve dans lequel la brumisation d'eau était introduite. Par exemple, l'un d'eux rêva que son toit laissait entrer la pluie et qu'il recevait des gouttes. Cependant, aucun rêve de cette sorte n'était relaté si le brumisateur avait été employé à un moment où l'électro-encéphalogramme montrait que le dormeur ne rêvait pas.

L'utilité de cette expérience est la suivante : on supposait autrefois que tout stimulus extérieur affectant un dormeur se répercuterait sur la fabrication du rêve (nous voyons une fois de plus cette fonction de l'esprit qui est de rechercher les stimuli). Ce phénomène, pensait-on, montrait que l'esprit ne se sert pas du rêve uniquement pour préserver la santé mentale, mais qu'il s'efforce d'empêcher le sommeil d'être interrompu. Si, par exemple, les couvertures d'une personne sont tombées, elle rêvera qu'elle avance péniblement à travers des étendues neigeuses. Aussi longtemps qu'elle continuera de rêver, elle restera endormie, et le stimulus du froid ne la privera pas des bienfaits que le sommeil et les rêves qui le traversent régulièrement lui procurent.

Néanmoins, on sait à présent qu'une telle influence se fera sentir non pas à n'importe quel moment du sommeil, mais uniquement au cours des phases de rêve. Cela prouve, une fois encore, que nous dormons afin de pouvoir rêver, parce que les avantages psychologiques que les rêves nous apportent en préservant notre santé mentale nous sont nécessaires. La satisfaction de ce besoin pourrait être essentielle pour la stabilité de l'esprit, et la source régulière de stimulation mentale que constitue le cycle nocturne des rêves serait indispensable pour nous empêcher de sombrer dans la folie.

Des études, auxquelles on s'est livré sur des pilotes d'avion et des chauffeurs de poids lourds, corroborent les conclusions qu'on a tirées de l'expérience des prisonniers politiques ayant subi un lavage de cerveau, et de celle de gens ordinaires privés de sommeil. Chez les pilotes qui volent seuls à haute altitude, un sentiment d'isolement peut se développer. Ils se mettent parfois à avoir des hallucinations, à entendre des voix, et à croire des choses imaginaires, à agir, par exemple, comme s'ils ne se trouvaient pas du tout dans un avion. Des symptômes similaires, quoique moins prononcés, ont été décrits par des conducteurs de camions qui roulaient pendant des heures monotones sur des autoroutes à grande vitesse.

Il semble que, privé de stimulations extérieures, l'esprit se mette à créer les siennes propres, et il se pourrait fort que les rêves, ceux de l'état de veille comme ceux du sommeil, aident à préserver la stabilité de l'esprit humain lorsque cette perte de stimulation, quelle qu'en soit la cause, constitue une menace pour l'équilibre. C'est une leçon importante que nous tirons là, et la santé mentale serait restée un mystère pour nous sans les récentes découvertes scientifiques, qui ont déversé un flot de lumière sur la personnalité secrète de l'être humain.

4

Comment résoudre ses problèmes par les rêves

Un jeune homme de dix-sept ans, M. U. raconte : « J'éprouve un très fort sentiment pour un ami de quinze ans. Cela a commencé il y a trois ans, et je me suis mis à l'aimer de plus en plus. Je fais tout ce que je peux pour lui, je lui donne tout ce que j'ai. J'ai continuellement envie d'être près de lui, quelque chose me pousse à le protéger. Sans lui, je sais que ma vie n'a plus aucun sens. Les filles ne m'attirent absolument pas.

« Pendant ces huit dernières années, mes parents ont été malheureux ensemble. Mon père a dit à ma mère qu'il sortait avec une autre femme ; elle décida alors de le quitter. Il promit de ne plus fréquenter l'autre mais ma mère a découvert récemment qu'il tournait encore autour de cette femme, qui est mariée. »

Cette situation n'eut aucune influence notable sur M. U. jusqu'à ce qu'il fasse connaissance de Peter. Son affection pour ce garçon le poussa à traiter celui-ci comme un père traiterait son fils. Il s'y efforça, mais dut essuyer de violentes rebuffades, qui le rendirent si malheureux qu'il essaya de se suicider.

« Je voudrais tant », poursuivit-il, « que Peter vienne habiter avec nous ! En ce moment, il vit avec sa grand-mère. Elle projette de l'envoyer dans un foyer pour jeunes, et je suis sûr qu'il y serait malheureux. »

Il relata le rêve suivant :

« Cette nuit, j'ai rêvé que Peter était saoul et désemparé. Il se retrouva à l'hôpital. Pendant le rêve, je me sentais coupable de ne pas être là pour veiller sur lui. A mon réveil, ce sens d'avoir un devoir à accomplir était plus fort que jamais. Pourriez-vous m'expliquer ce qui m'arrive ? »

Avant d'essayer de répondre à cette question, il serait bon de rappeler le point de vue de sa mère sur cette situation. L'occasion de juger les conséquences d'un mariage malheureux d'après deux optiques différentes n'est pas si fréquente. Nous verrons ensuite comment le fait de discuter de leurs problèmes, et l'analyse du rêve du jeune homme, aidèrent la mère et le fils à surmonter leurs difficultés.

« En ce moment », expliqua la mère, « je consulte un avocat dans le but d'obtenir le divorce ou la séparation. Je ne peux pas continuer à vivre avec mon mari, qui ne s'intéresse et ne se soucie ni de mon fils ni de moi.

« Mon problème, c'est de savoir si je ne risque pas de faire plus de mal que de bien à mon fils en l'emmenant avec moi, et s'il est possible qu'il surmonte son attachement malsain pour ce garçon, Peter, qui ne se monte pas particulièrement amical avec lui. On ne peut pas choisir les amis

33

de ses enfants, et je n'ai jamais essayé de m'en mêler.

« Quant à Peter, je ne peux croire un seul instant que sa grand-mère pourrait le renvoyer de chez elle. Elle parle beaucoup, et c'est une femme querelleuse, mais ça n'est pas sérieux. Elle s'est occupée de Peter depuis que sa fille a quitté le père de l'enfant alors que celui-ci était tout petit.

« En ce qui me concerne, j'ai suffisamment de difficultés à trouver un logement et un moyen de gagner ma vie sans avoir encore à ma charge un autre garçon à problèmes. Je serais cependant très heureuse que Peter vienne passer quelques fins de semaine avec nous lorsque nous aurons déménagé. »

Le rêve du jeune homme constitue un bon point de départ pour comprendre le cas. L'ami qui est saoul et désemparé symbolise le rêveur lui-même. C'est pour cela qu'il ne s'imagine pas auprès de son ami : il est déjà dans le rêve sous les traits de Peter.

Le rêve exprime le désir qu'a le rêveur qu'on s'occupe de lui, pour compenser son impression d'insécurité. Dans la vie réelle ce désir se traduit par celui de veiller sur quelqu'un d'autre, à qui il attribue ses propres problèmes.

Dans le rêve, M. U. se sent coupable parce qu'il se rend compte que son désir entre en conflit avec ce qu'on attend normalement d'un adulte. Les adultes qui ont le sens des responsabilités sont censés s'occuper des membres plus fragiles de la société. C'est en fait ce que le rêveur tente de faire à l'état de veille. Le rêve montre que ce qu'il fait est une tentative de se décharger du sentiment de culpabilité suscité par le désir qu'il a qu'on veille sur lui.

Son affection pour Peter lui a fait sentir qu'il devait le traiter comme un père traiterait son fils. Il est clair qu'il s'efforce d'être lui-même le père aimant qu'il n'a pas pu avoir. Il veut traiter Peter comme il aurait aimé que son père le traite, lui. Il s'identifie à la figure du père afin de compenser l'absence d'un soutien paternel dans sa propre vie.

Au moment où il lui vient une certaine maturité émotionnelle, l'adolescent tend à moins s'intéresser à lui-même, et plus aux autres. Mais s'il centre son intérêt uniquement sur les individus du même sexe que lui, il avance en terrain dangereux. Une certaine part d'homosexualité intervient de façon normale dans les réactions de chacun d'entre nous. Nous avons des amis du même sexe que nous, que nous trouvons plus attirants, socialement parlant, que les autres. Mais nous ne devrions pas passer notre temps à rechercher la compagnie d'un être qui correspondrait à un idéal et à des notions préconçus.

Bien qu'il n'apparaisse pas dans le rêve de M. U., un autre élément joue probablement un rôle dans ce problème. L'échec qui caractérise les relations que le jeune homme entretient avec son père pourrait avoir intensifié la dévotion qu'il voue à sa mère. Il se pourrait qu'il lui soit trop attaché, et évite les jeunes filles par sens de loyauté à son égard. Il croit qu'elles l'amèneraient peut-être à se montrer infidèle envers sa mère. Comme il le dit lui-même, elle n'a plus que lui. Il ne serait guère surprenant qu'il rapporte un rêve dans lequel ce thème apparaîtrait sous une forme déguisée.

Il fallut peu de temps pour que la discussion que la mère et le fils avaient eue ensemble produise des résultats dans leur vie à tous deux. Ils prirent la décision de quitter le père et s'installèrent dans un petit pavillon au loyer modéré.

« J'ai repris confiance en moi » dit M. U. « Je sais à présent que j'ai, autant que n'importe qui, le droit d'aimer la vie. Je ne m'attendais pas à des résultats aussi rapides, mais l'analyse de mon rêve a été particulièrement révélatrice. Mon père a maintenant une bien meilleure attitude à mon égard. La vie que je mène est normale. J'ai un peu l'impression de m'être éveillé d'un sommeil profond, interminable. Je prends mes décisions plus librement, le doute m'a quitté. Il me semble que j'ai rompu les chaînes qui m'empêchaient d'apprécier le bonheur et la tranquillité. Je m'intéresse de nouveau aux gens. »

Il ajouta qu'il savait maintenant qui il était et ne se sentait plus rejeté. Il commençait à s'apercevoir de ses qualités, et à les utiliser. Beaucoup de gens avaient remarqué cette amélioration.

« Je peux à présent considérer Peter comme un ami normal, et quand je suis allé le voir, la semaine dernière, mon changement d'attitude envers lui m'a frappé.

« J'ai trouvé un travail qui me plaît vraiment, ce qui est pour moi d'une importance capitale. Le sentiment d'infériorité qui m'habitait a cédé la place à une solide assurance.

« Je vis certainement plus pleinement, avec une plus grande confiance. Je trouve les gens plus amicaux. J'ai surmonté cette sordide tendance homosexuelle, et je vis d'une manière plus acceptable, du point de vue social. Je m'intéresse de plus en plus aux filles.

« J'espère que la compréhension de leurs rêves et des raisons qui les font agir donnera du courage aux gens aussi malheureux que je l'étais auparavant. »

De sa mère, il dit qu'elle avait l'air plus jeune, que ses rides s'effaçaient, et qu'elle était bien plus heureuse.

La réflexion significative qui lui avait échappé, « mon père a maintenant une bien meilleure attitude à mon égard », illustre un fait que nous comprenons sans avoir besoin d'interpréter les rêves : on n'inspire de respect à personne en acceptant une situation dégradante avec soumission. C'est en nous voyant agir pour l'affronter que les gens commencent à nous porter une plus grande considération. Une action accomplie avec détermination mérite et reçoit le respect de ceux qui étaient enclins auparavant à ressentir une pitié mêlée de mépris pour notre indécision.

La morale de cette histoire vraie est que les adolescents éprouvent des craintes et des espoirs naturels, qui se reflètent dans leurs rêves, de la même manière que chez les adultes. Si nous parvenons à lire les messages qui nous viennent pendant notre sommeil, notre aptitude au bonheur s'en trouvera libérée. Le cas qu'on a relaté ici montre l'influence destructrice qu'une vie familiale malheureuse peut exercer sur un adolescent. Nous sommes profondément heureux que l'interprétation des rêves ait contribué de façon non négligeable à y apporter une conclusion satisfaisante.

5

Dix rêves typiques

Les rêves ne sont jamais totalement insensés, même s'ils le paraissent souvent. Tout rêve peut être interprété si on trouve la clé de son secret. Afin de l'interpréter parfaitement, il est souhaitable de voir quelles « associations » il évoque pour le rêveur : quelles pensées et quels souvenirs il lui rappelle. S'il les cerne d'assez près, il y découvrira certainement la clé de la bonne interprétation. Cette méthode révèle les désirs et les conflits inconscients qui forment le fondement psychologique du rêve. C'est la raison pour laquelle Freud disait des rêves qu'ils sont « la voie royale qui mène à l'inconscient ».

Il existe néanmoins des rêves qu'on peut souvent parvenir à comprendre sans faire jouer le principe des associations d'idées, parce que de tels rêves sont communs à toute l'espèce humaine et possèdent un sens universel, lié aux problèmes fondamentaux de la vie et de la mort, qui nous concernent tous. Ces rêves sont dits « typiques », et nous en aborderons dix dans ce chapitre.

1. *Rêves de trains ratés.* Ce rêve typique se

produit très fréquemment. Selon la psychanalyse, il se rattache au voyage que chacun doit accomplir : celui qui mène à la mort. On dit d'une personne défunte qu'elle est « partie », comme s'il s'agissait d'un voyage. Ce rêve reflète le désir inconscient de se rassurer contre la peur de la mort. En ratant le train, on se dit qu'on ne mourra pas.

D'un autre côté, l'école de Psychologie Individuelle d'Adler assigne à ce type de rêve une signification différente. « Les rêves dans lesquels on ne réussit pas à prendre un train » écrit Lewis Way dans « Adler's Place in Psychology », peuvent dénoter, de manière générale, la crainte d'être dépassé dans la course qu'est la vie, ou indiquer un désir d'arriver trop tard pour résoudre un problème ».

Il est probable que les deux théories doivent être acceptées, la véritable difficulté étant de connaître leur importance relative dans chaque cas particulier.

L'idée essentielle de ce rêve est celle du voyage, et le moyen de transport n'est pas toujours le train. Certains « ratent l'autobus », sans que l'interprétation doive en être modifiée pour autant. Le désir reste celui de ne pas voyager, et donc, de ne pas mourir.

2. *Rêves de visite d'appartement*. C'est un rêve dont les femmes font souvent l'expérience. S'il s'agit d'une personne célibataire, ce genre de rêve est habituellement lié au désir de se marier. Une jeune fille fit, par exemple, le rêve qui suit :

« Je visite une maison, et je me promène dans toutes les pièces. » On voit la relation très proche qui existe entre l'idée de visiter une maison et celle d'être mariée dans l'expression « maîtresse de maison ». La salle à manger et la chambre à coucher combinent les deux éléments du « gîte et du couvert » qui constituent le mariage d'un point de vue purement matériel. Si la personne qui rêve se voit visiter plusieurs pièces, cela implique la notion de monogamie d'après la loi des contraires qui joue souvent un rôle important dans les rêves.

Pour les femmes mariées, le sens est différent. L'une d'elles rêva qu'elle se trouvait dans un hôtel qui avait un grand nombre de chambres, et qu'elle ne parvenait pas à retrouver la sienne. « Je passe des heures à monter et à descendre les escaliers, je suis très fatiguée, mais je n'ai toujours pas trouvé la bonne chambre. »

Dans « L'interprétation des rêves », Freud dit qu'une pièce est le symbole de la femme. En cherchant une chambre dans un hôtel, l'auteur du rêve cherche une autre femme, l'autre qui est en elle. Le rêve reflète son désir de trouver sa véritable personnalité (la bonne chambre).

3. *Rêves d'escalade.* Un homme disait que presque tous ses rêves avaient l'escalade pour thème. Il précisa qu'il n'atteignait jamais le sommet, jusqu'à ce qu'une nuit il rêve qu'il y avait réussi. La joie qu'il avait ressentie dans son sommeil était indescriptible. Il cita un poème, appris à l'école, et dont il avait toujours gardé le souvenir. Il parlait des hommes célèbres, et des sommets qu'ils avaient atteints en grimpant, nuit après nuit, tandis que les autres dormaient.

Le fait que le contenu du poème soit le même

que celui des rêves est éloquent. L'idée d'escalade est, de toute évidence, importante pour cet homme. Le sens symbolique que le poème attribue à cette activité est celui qu'il faut donner au rêve. Elle représente la réalisation d'une ambition. Lorsque cet homme rêva qu'il était parvenu au sommet, la confiance qu'il avait en ses capacités de réaliser ses ambitions semblait vraiment avoir atteint son point culminant.

4. *Rêves de chute.* L'idée d'escalade peut aussi avoir une signification sexuelle, surtout quand elle est associée à celle de chute. On aurait alors le symbole de la montée et de la chute de l'excitation sexuelle. Une femme s'interrogeait un jour sur le sens d'un rêve stéréotypé qu'elle faisait depuis des années : « J'escalade une montagne avec beaucoup de mal. Alors que je suis presque arrivée au sommet, je perds l'équilibre et je commence à tomber. »

Ce rêve révélait la frigidité sexuelle de cette femme. Le sommet de la montagne représente ici l'apogée de la sensation sexuelle, qu'elle n'arrivait pas à atteindre dans sa vie conjugale. Dans son rêve, elle essayait de satisfaire ce désir, mais n'y parvenait pas réellement.

La chute a un contenu émotionnel qu'on retrouve même dans les mots de tous les jours. On parle de tomber dans le péché, de tomber amoureux, etc. Cela s'applique aussi aux rêves, dans lesquels l'action littérale de tomber représente un sens figuré.

5. *Rêves d'envolée dans les airs.* La personne qui rêve qu'elle vole peut souffrir d'un complexe d'infériorité qu'elle cherche à compenser en montrant aux autres à quel point elle est intelli-

gente. Un homme se souvient d'avoir rêvé qu'il volait au-dessus de la tête des gens, et leur criait de le regarder.

Ce rêve a peut-être également un rapport avec le désir de triompher des difficultés en général. Un homme de soixante ans, qui avait monté sa propre affaire, découvrit qu'il s'était chargé de soucis, d'ennuis et de problèmes financiers, et d'un travail très pénible. Tout au long de cette période, il fit un rêve dans lequel il se voyait flotter dans les airs avec la facilité d'un oiseau. C'était une sensation merveilleuse qu'il savourait intensément. Ces rêves prirent fin lorsqu'il vendit son affaire.

En rêvant qu'il volait, cet homme essayait de surmonter les difficultés que lui causait son affaire. Dans ses rêves, il se disait : « Je peux m'élever au-dessus de tous mes problèmes. » Quand son affaire fut vendue, il cessa de faire ce rêve pour la bonne raison que, s'étant débarrassé de la source de ses ennuis, il n'avait plus besoin de s'affirmer à lui-même qu'il pouvait surmonter ses difficultés.

6. *Rêves de poursuite.* Une enseignante de vingt-trois ans rêva qu'elle était poursuivie : « Je me souviens d'avoir couru de toutes mes forces, et d'avoir eu très peur, mais en même temps, je sais que j'ai regardé derrière moi en essayant désespérément de voir par qui ou par quoi j'étais pourchassée. »

Lorsque de jeunes femmes célibataires rêvent qu'on les poursuit, cela satisfait symboliquement leur désir d'être courtisée. Ces rêves jouent sur la ressemblance entre les mots « chasse » et

« chaste », d'où il s'ensuit que ce désir est celui d'être courtisée sans perdre sa virginité pour autant.

C'est tout à fait explicite dans ce cauchemar qu'une autre femme faisait fréquemment : « Je cours pour échapper à un homme qui me poursuit. On dirait que je réussis toujours. Parfois, quelqu'un me cache jusqu'à ce que le danger soit passé. Il y a presque toujours une femme d'âge mûr, respectable aux yeux de tous, qui me déteste et est en fait la complice de mon poursuivant. »

Les idées qu'elle associait à ce rêve de poursuite en livrent la clé : « Cela me rappelle le temps où j'étais jeune fille, et courtisée. Je désirais naturellement trouver un bon mari, mais quand je sortais avec un petit ami, je me méfiais beaucoup de ses intentions. Nous nous sommes chamaillés à ce sujet, mon mari et moi, pendant nos fiançailles. La femme d'âge mûr pourrait être ma mère, qui me disait toujours de faire attention lorsque je sortais avec des garçons. »

7. *Rêves de crime et de punition.* Mme R. K. avait fait deux rêves intéressants. Dans le premier, elle voyait mourir l'un de ses parents, et dans le second, elle passait en jugement devant un tribunal.

Du point de vue psychologique, un « crime » est une pensée ou un désir que la conscience du dormeur désapprouve. Des pensées ou des désirs hostiles envers le père ou la mère se trouvent apaisés à l'idée de leur mort, ce qui explique le premier rêve.

Cet apaisement ne peut cependant pas s'accomplir sans que Mme R. K. en ressente de la culpabilité. Ce sentiment lui donne l'impression de mériter une punition, qu'elle s'inflige à elle-même lorsqu'elle s'imagine devant un tribunal.

Ces deux rêves sont indissociables. L'un montre le châtiment qui doit racheter le crime, et le sens de culpabilité qui découle de ce dernier est décrit dans l'autre. Bien sûr, de tels rêves ne se manifestent pas toujours ensemble, ou du moins, on ne se souvient pas toujours des deux à la fois. Parfois, on n'en mémorise qu'un, le souvenir de l'autre étant réprimé ou désavoué parce que trop pénible pour la conscience.

8. *Rêves d'épreuve examinatoire.* Un jeune instituteur, qui attendait les résultats d'un examen auquel il s'était présenté, rêva qu'il recevait un télégramme lui annonçant sa réussite. Il n'est pas difficile de voir dans ce rêve la réalisation d'un désir. Un rêve typique de cette sorte peut aussi avoir un rapport avec l' « examen » de l'école de la vie, une expérience éprouvante dont la personne désire venir à bout avec succès.

Un rêve d'examen peut-il être prémonitoire ? Il semble que cela aussi soit possible. Une jeune femme raconte : « Il y a environ cinq ans, je préparais un examen. La nuit qui le précédait, j'ai rêvé que je voyais l'examinateur. Je ne l'avais jamais vu auparavant. J'étais assise, je répondais aux questions par écrit. Le matin venu, l'examinateur assis au bureau se révéla être celui du rêve. De plus, je me suis trouvée assise dans la salle exactement à la place qui correspondait à celle que j'avais vue dans mon sommeil. »

9. *Rêves de mort.* Une dame d'un certain âge se souvient très bien d'avoir rêvé deux fois qu'elle était morte. Dans le premier rêve, elle se trouvait dans une vaste grotte, qui servait de salle de jugement, et dans le second, elle rayonnait de bonheur et vivait dans un pays merveilleux.

Cela montre que personne ne peut rêver qu'il n'existe pas. Même s'il rêve qu'il est mort, il s'arrange pour survivre malgré tout en tant que spectateur de sa propre mort.

Le désir d'être mort qui apparaît dans ce rêve signifie « j'aimerais n'avoir jamais vu le jour ». C'est un regret de l'heureuse vie prénatale dans le ventre maternel, qui est symbolisé par la vaste grotte. Dans les rêves, les éléments creux ou arrondis sont régulièrement utilisés par l'inconscient pour représenter la matrice féminine.

C'est de cet état bienheureux de vie avant la naissance que nous tirons notre conception de l'immortalité, d'une existence bienheureuse après la mort. Une telle existence peut être symbolisée, comme dans le cas présent, par un pays merveilleux dont tous les habitants rayonnent de bonheur. Ce symbolisme est susceptible de se retrouver non seulement dans les rêves mais aussi dans la poésie, la religion, la mythologie, le spiritualisme, ou l'art.

Si l'on rêve de la mort d'autres personnes, cela signifie que l'on désire inconsciemment s'en débarrasser. On parla un jour à Freud d'un homme qui rêvait régulièrement que ses enfants mouraient. Freud en conjectura que cet homme était malheureux en ménage, et considérait ses enfants comme un obstacle au divorce. L'interprétation était correcte ; l'homme entretenait des relations extra-conjugales avec sa secrétaire.

10. *Rêves de nudité en publique.* « Je marche dans la rue et je me rends soudain compte que je ne suis pas vêtue de manière décente. Je me sens terriblement honteuse et embarrassée, et pourtant je n'arrive pas à m'écarter de la foule. » Les rêves de ce type sont très communs. La personne qui l'avait fait a dit elle-même que deux de ses amies avaient fait un rêve similaire.

Rêver qu'on est nu ou insuffisamment vêtu peut signifier qu'on aimerait montrer aux autres le véritable aspect de sa personnalité. Cela reflète le désir de se laisser voir tel que l'on est vraiment. L'embarras de la rêveuse représente la peur de la désapprobation qu'elle pourrait encourir si elle osait se montrer telle qu'elle est. Cette exposition imagée est symbolisée par une exposition littérale, la nudité, ce qu'on retrouve dans le langage courant dans des expressions comme « la vérité toute nue », « mettre son âme à nu », etc.

Ces dix catégories de rêves ne représentent pas la liste complète de tous les rêves typiques qui existent, mais ils illustrent tout au moins l'universalité qui caractérise la mentalité humaine. Le fait que de tels rêves soient si répandus montre que malgré les différences extérieures, les gens se ressemblent énormément. Ces rêves se manifestent très souvent et touchent un très grand nombre de personnes, parce qu'ils traitent de ce qui nous concerne tous, des émotions que, tous, nous partageons. Il est donc bon de s'y intéresser, pour la connaissance qu'ils apportent des secrets enfouis au plus profond de la nature humaine.

6

Deux rêves,
une même signification

Un Sud-Africain relata les deux rêves que voici :

1. « J'étais à la gare et j'attendais un train qui allait vers une destination inconnue. J'étais debout sur le quai, lorsque je vis une locomotive arriver à toute allure. J'ai pensé que le conducteur était imprudent. Elle se renversa, et les rails furent arrachés de leurs traverses. »

2. « J'étais sur le quai d'une gare, attendant un train. Je remarquai quelques jolies jeunes femmes qui se trouvaient là. Je regardai vers la salle d'attente, et j'y vis une femme nue qui discutait avec un Chinois. Je me sentis gêné. Lorsque je la regardai à nouveau, elle avait grossi à un point extraordinaire. Je ne pouvais pas en croire mes yeux. »

Ces deux rêves, rapportés par celui qui les a faits, nous permettent d'avoir recours au principe qui veut qu'on puisse interpréter un rêve à l'aide d'un autre. C'est particulièrement possible si les deux rêves surviennent au cours de la même nuit. On découvre souvent que ce qui est dissimulé dans l'un apparaît clairement dans l'autre. Voyons comment ce principe fonctionne dans le cas des deux rêves décrits plus haut.

Afin d'y parvenir, il nous faut commencer par le second, dont le sens est plus explicite. Le désir sexuel y est ouvertement exprimé. Le rêve ne dissimule pas les propres désirs sexuels du rêveur, ce qui provoque son sentiment de gêne.

Il se peut que ce rêve fasse revivre l'obscur souvenir d'un incident sexuel survenu au cours de l'enfance, et refoulé. C'est probablement le sens de la prise de volume de la femme nue. Les éléments et les personnes qui composent le monde des adultes paraissent terriblement grands à un enfant, et c'est cette impression qu'on retrouve dans le rêve.

Maintenant que nous avons décelé le désir que le second rêve manifeste clairement, il nous faut trouver la satisfaction symbolique de ce même désir dans le premier. Nous y trouvons certains symboles qui représentent la virilité : la locomotive, les rails et leurs traverses.

Dans les deux rêves, un élément discordant indique la possibilité d'une catastrophe. Ce facteur est en fait la réaction de la conscience du rêveur face à l'expression explicite ou symbolique du désir sexuel. Dans le second rêve ce désir est traité comme quelque chose d'étranger à la personnalité du rêveur, et symbolisé par la présence du Chinois. Dans le premier, il est représenté par le déraillement de la locomotive.

Voici un autre exemple de deux rêves dont chacun livre des indications sur l'autre. Ce qui est assez intéressant, c'est que le premier comporte également le thème de la gare. C'est un homme marié de trente-cinq ans qui en fit le récit.

1. « Je me rendais dans une petite gare de campagne. Il n'y avait pas de quai ni de train, mais seulement une longue salle d'attente dépourvue de fenêtres. J'y vis une femme qui ressemblait à ma mère. »

2. « Ma grand-mère faisait de la motocyclette, et j'étais assis à l'arrière. »

La mère de cet homme apparaît ouvertement dans le premier rêve, qui se rapporte à la mort. Celle-ci est symbolisée par un voyage en train, pour lequel l'homme se rend à la gare. L'absence de quai et de train le rassure : il ne fera pas le voyage (il ne mourra pas). Ce symbolisme a déjà été abordé au chapitre précédent. Le rêve montre que la mort est identifiée à un retour au ventre maternel, qui est représenté par la longue salle d'attente sans fenêtres (dans la matrice, le bébé attend de naître). Alors que la figure maternelle apparaît sous la forme de la personne qui ressemble à la mère du dormeur, la tentative de réconfort face à la peur de mourir est déguisée sous une impossibilité d'accomplir le voyage.

Dans le second rêve, l'idée de voyage est indiquée plus clairement. D'après les indications du premier rêve, nous savons qu'il faut substituer au mot « grand-mère » celui de « mère ». La dépendance de cet homme vis-à-vis de sa mère est rendue explicite par le fait qu'il fait le voyage derrière elle.

Nous trouvons donc ici une illustration supplémentaire du principe selon lequel deux rêves faits par la même personne peuvent exprimer le même désir sous des formes différentes, et ainsi, s'interprètent l'un l'autre. La technique encéphalographique décrite précédemment a également confirmé que deux rêves d'un même dormeur peuvent comporter un ou plusieurs traits communs ou jouer sur les différents aspects d'un seul problème.

Dans le cas qui suit, l'élément important n'est plus illustré par deux, mais trois rêves faits par la même personne. Chacun d'entre eux est lié au désir infantile du retour à la matrice, auquel on a déjà fait allusion :

1. « Je me suis déshabillé à la piscine, puis je suis sorti sur le balcon, d'où j'ai plongé tout droit dans le bassin ; mais il s'est trouvé que celui-ci était vide. Je me suis relevé immédiatement, j'ai dit : " J'en ai assez ", et je suis parti remettre mes vêtements. »

2. « Je descendais en courant les marches qui menaient à une pièce d'eau, où je plongeai aussitôt. L'eau, très peu profonde, avait un goût horrible. J'en sortis le plus vite possible. Plusieurs personnes, assises tout autour, éclatèrent de rire. »

3. « Encore une fois, je plongeai dans une piscine ; encore une fois, elle était très peu profonde et l'eau avait un goût horrible. »

Ces trois rêves n'en forment en fait qu'un seul, avec des variantes. L'argument de base est celui d'un plongeon dans l'eau. Dans le langage de l'inconscient, cela représente le retour à la matrice maternelle, où l'on passe les neuf premiers mois de la vie complètement entouré d'eau, c'est-à-dire, du liquide amniotique.

Les rêves font cependant ressortir la futilité de ce désir et le tournent en ridicule. C'est le côté adulte du rêveur lui-même qui en désapprouve l'aspect puéril. Après avoir plongé dans le bassin, il s'aperçoit que celui-ci est vide. Les gens qui entourent la pièce d'eau éclatent de rire. L'eau a un goût horrible. Chaque rêve exprime à sa façon la même idée, tous ces différents éléments ne représentant en fait qu'une pensée unique : l'opinion du rêveur en personne, que le désir de retourner à la vie prénatale est futile, ridicule et désagréable.

Deux rêves se produisant au cours de la même nuit ont souvent une relation de cause à effet, comme on peut le voir dans ce rêve en deux parties, décrit par un officier de l'Air Force, et qu'une de ses amies avait fait. Il expliqua qu'elle était également amie avec un autre officier avec lequel elle sortait souvent.

La jeune femme avait rêvé qu'elle était assise avec le premier officier sous un grand arbre dont les racines, apparentes, s'étendaient assez loin. Un petit cours d'eau ruisselait à proximité. Ils bavardaient, et la jeune femme se sentait profondément heureuse. « Puis la scène change » avait-elle raconté, « et je me retrouve seule dans une pièce étrange, qui n'a qu'une seule porte. Quelqu'un essaye d'entrer et je tente de l'en empêcher de toutes mes forces. Je me mets à hurler et j'entends la voix de Maman, venant de je ne sais où, qui dit : " Tiens bon, Andrew arrive ! " et puis je te vois. »

L'officier précisa : « Bien que mon amie et moi nous connaissions depuis longtemps, nous ne nous sommes vraiment pris d'affection l'un pour l'autre que deux ans après qu'elle ait commencé à sortir avec l'autre type. Elle lui a dit qu'elle ne sortirait plus souvent avec lui, mais il continue à l'importuner sans cesse. »

La première partie du rêve représente le désir de la jeune femme d'être en compagnie de l'officier qui a raconté le rêve. C'est l'effet. La seconde partie révèle la cause. Elle veut être avec lui parce qu'elle croit qu'il peut la sauver du danger qui la menace. L'intrus est sans aucun doute l'autre officier. Il incarne le danger dont elle veut que le premier officier, son ami, la protège.

« J'aimerais parler de certains rêves que vous pourriez m'aider à résoudre » dit Mlle R. E., qui est professeur. « Je les ai tous faits à plusieurs reprises. »

Les rêves qu'elle relate sont les suivants :

1. « Je marche le long d'une route, mais j'avance très lentement, car je me déplace sur les genoux. On dirait que ce procédé laborieux est pour moi tout à fait conventionnel. »

2. « Je rêve que je m'éveille très fatiguée et que mes cils sont collés à mes joues. J'ai beau faire, je n'arrive pas à ouvrir les yeux. »

3. « Je déambule le long des rues en vêtements de nuit. »

Elle ajoute que dans chacun de ces rêves, elle ressent une immense impression de frustration.

Ces trois rêves n'en forment en réalité qu'un seul, du fait qu'ils présentent tous le même thème, fondé sur un conflit entre le désir de faire

54

quelque chose et la frustration de ne pas en être capable. Ainsi, dans le premier rêve, elle souhaite avancer mais en est empêchée par sa manière de marcher. Dans le deuxième, elle désire s'éveiller, mais se trouve frustrée par son incapacité à ouvrir les yeux. Dans le dernier, enfin, la frustration vient de l'inconvenance des vêtements qu'elle porte (le désir n'y apparaît pas, mais nous pouvons présumer que c'est celui d'être acceptée telle qu'elle est qui est contenu dans ce rêve).

Si cette personne examinait les expériences qu'elle connaît dans sa vie réelle, elle conclurait que le conflit qui s'exprime dans ses rêves en est représentatif, d'un point de vue global. Elle revit probablement ce conflit dans ses rêves, afin de se donner l'occasion de le prendre en main, de s'y accoutumer, ou d'explorer la possibilité d'agir afin de le résoudre.

Maintenant que nous avons détaillé et illustré le thème de ce chapitre, il nous reste à nous demander si un rêve unique peut avoir plus d'une seule interprétation. La réponse est positive, puisque la signification qu'on attribue à un rêve dépend dans une certaine mesure des principes théoriques auxquels on souscrit. Le Dr J. A. Hadfield en donne la preuve dans son livre « Dreams and Nightmares », en interprétant un rêve de quatre manières différentes, pas moins, en se fondant sur ses propres vues, sur celles de Freud, d'Adler, et de Jung.

Le rêve était le suivant : « J'habitais dans une maison à la campagne, et lorsque tout le monde fut parti dormir, je descendis chercher les braises qui restaient dans la cheminée du salon pour les emporter dans ma chambre. Je pris le feu, mais lorsque j'atteignis le couloir, je fus abordé par un sauvage noir qui me menaça. Je l'empoignai et le plaquai sur le sol, et puis, je ne sus plus que faire. C'est alors qu'une forme féminine m'apparut et me dit : " Ne le tue pas, ne lui fais pas de mal, mais envoie-le en maison de correction. " »

Les diverses interprétations proposées sont :
1. Pour Hadfield : la rébellion de l'homme contre la société (le vol du feu) a suscité en lui des instincts primitifs (le sauvage) qu'il a eu du mal à réprimer. Son intuition (la forme féminine) lui dit : « Ne les détruis pas, ne les réprime pas, mais réforme-les. »

2. Pour Freud : le sauvage représente le père du rêveur et la forme féminine, sa mère. La défaite du Noir satisfait le désir de se débarrasser du père afin de posséder la mère (complexe d'Œdipe). La remarque qu'il faut réformer le sauvage au lieu de le tuer ou de lui faire du mal est une concession à un sentiment de culpabilité.

3. Pour Adler : le rêve exprime un désir de puissance, la prédominance de l'impulsion masculine sur le rôle inférieur de la femme ; ou bien il met en évidence les problèmes qui résultent d'un manque de coopération (le vol du feu).

4. Pour Jung : le rêve rappelle le mythe de Prométhée, qui déroba aux dieux le feu du ciel. Le Noir représente les forces obscures et embarrassantes qui gouvernent l'inconscient racial. L'apparition est la partie féminine de la personnalité du rêveur, à laquelle il devrait accorder de

l'attention pour lutter contre ces puissances obscures.

Il serait erroné de supposer que l'une de ces interprétations est juste, et toutes les autres fausses. Nous penserons plutôt qu'elles sont toutes valables, au sens où chacune représente un aspect différent de la vérité. Car si le rêve est aussi complexe qu'on le croit, il devrait pouvoir être interprété de plus d'une manière.

Ainsi que le dit le Dr Emil A. Gutheil dans son ouvrage « A Handbook of Dream Analysis » : « Comme plusieurs expériences se trouvent parfois condensées dans une seule image du rêve, il nous faut quelquefois faire de celui-ci des coupes transversales. Nous découvrons que les simples détails d'un rêve sont les nœuds de plusieurs lignes d'intersection d'idées et de pensées. C'est pour cette raison que, lorsque nous reconstruisons ces pensées et ces idées, nous obtenons souvent plus d'une interprétation pour un même rêve. »

Cela étant ainsi, il ne nous est pas difficile d'admettre que plusieurs rêves puissent se fonder sur une seule expérience, et que, comme nous l'avons vu, ils puissent correspondre à une seule et unique signification.

7
Les rêves macabres de meurtre

« Il est très probable » écrit Freud dans son « Introduction à la psychanalyse », « que la personne sache quelque chose qui explique son rêve ; le problème est de la faire accéder à cette connaissance et d'arriver à ce qu'elle nous la communique. Il ne faut pas s'attendre à ce qu'elle nous dise immédiatement ce que son rêve signifie, mais nous avons la certitude qu'elle sera capable d'en découvrir les origines, de trouver le cercle de réflexions dont il dérive...

« Quand le rêveur déclare qu'il n'en a absolument aucune idée, nous devons le contredire, lui assurer qu'il doit bien en avoir une. Lorsque je demande à quelqu'un de dire ce qui lui vient à l'esprit à propos d'un des éléments de son rêve, j'exige de lui qu'il s'investisse entièrement dans ce processus d'associations d'idées qui découle de sa concentration sur un point originel. »

Cela signifie que vous pouvez interpréter vos rêves, puisqu'ils sont le fruit de votre propre imagination. Vous pouvez utiliser le rêve comme point de départ d'une série d'associations d'idées, de la façon décrite au chapitre 5. L'expérience de M. P. H. A. montre de manière pratique comment ce procédé fonctionne. Cette homme avait décrit le rêve macabre qui suit :

« J'étais debout près d'un cadavre, qui présentait des traces évidentes de strangulation. C'était celui d'une vieille femme qui m'était totalement inconnue. Les sentiments de peur et de répulsion que j'éprouvais étaient intenses, à soulever le cœur ; aucun mot ne pourrait en rendre compte.

« Je me souviens vaguement d'avoir porté le corps dans un grand caveau humide, et d'avoir soulevé une dalle, creusé une tombe et caché le cadavre. Puis je vérifiai que tout était bien dans le même état que lorsque j'étais arrivé.

« Cet épisode morbide fut suivi d'une enquête, qui me fit endurer, à moi qui pensait que mon secret pouvait être découvert à tout moment, les souffrances d'un damné. Puis le rêve perdit toute apparence de cohérence et se fondit dans un défilé confus de cercueils et d'os obscènes. Pour finir je vis une tombe qui s'affaissait lentement en son milieu, la pierre tombale vacillant au-dessus d'elle. »

Et il ajouta : « J'en frémis encore rien que d'y penser. Je n'ai pas de tendances sanguinaires, je ne suis même pas d'un naturel brutal. J'espère que vous n'allez pas croire que j'ai tout inventé, bien que je doive admettre que les apparences sont contre moi. Je vous serais très sincèrement reconnaissant si vous pouviez m'expliquer ce rêve, tout en espérant qu'il ne va pas mettre au jour un aspect monstrueux de ma personnalité, qui me serait inconnu. Je n'arrive pas à me l'expliquer ; ma santé mentale est plutôt solide, comparée à la moyenne ; ce soir-là, je n'avais pas lu de livres d'épouvante. Et je ne trouve absolument rien, dans mon passé, qui puisse avoir un rapport, même lointain, avec ce rêve... à part, peut-être, ce caveau, qui ressemblait un peu à celui que j'avais vu, il y a des années, près des ruines d'un vieux couvent. »

Nous sommes ici en présence des dénégations auxquelles Freud faisait allusion ; l'auteur du rêve affirme ne rien savoir des associations d'idées qui l'ont provoqué, à l'exception d'un petit détail. Nous suivons donc les recommandations de Freud, nous insistons pour que le jeune homme réfléchisse encore. Il commença donc, à notre suggestion, par penser à une « vieille femme », et nota les réflexions et les souvenirs qui se présentaient à son esprit sans essayer de les censurer. De cette façon, il comprit facilement qu'il connaissait cette vieille femme, et la raison pour laquelle il souhaitait sa mort.

Les rêves de meurtre sont généralement assez répandus. Ils illustrent la remarque faite par Freud dans « L'interprétation des rêves » que tous les rêves, même ceux qui paraissent innocents, portent « la marque de la bête ». Comme celui que fit cette mère de famille de 43 ans, qui rêva qu'elle tuait un homme qui essayait de voler une clé. « Je l'ai frappé avec une pelle. Il y avait du sang partout. »

Les associations que ce rêve provoqua l'amenèrent à parler des soucis que son mari lui donnait. Il préférait aller boire avec d'autres hommes que de sortir avec elle. Il avait une situation matérielle largement confortable, mais dans la mesure où il ne lui donnait jamais un sou, cela n'était pas d'un grand profit pour elle.

On peut supposer que l'homme qu'elle tue dans le rêve est son mari, qui, pour elle, détient la clé de son bonheur. Elle a des raisons d'être aggressive à son égard, puisqu'il la néglige. Le rêve est apparemment un exutoire à l'hostilité qu'elle ressent pour son mari.

Un autre homme avait rêvé qu'il commettait un crime. Lorsqu'il parla de son rêve, les désirs aggressifs et sadiques qui y étaient contenus apparurent de manière évidente, et expliquèrent son choix professionnel : la boxe. Cette activité lui permettait de donner libre cours aux désirs qui se manifestaient dans ses rêves, en infligeant la souffrance avec une brutalité complaisante, et d'une manière acceptée par la société.

Mais revenons à M. P. H. A. qui déclara que ses efforts pour découvrir l'origine de son rêve avait rencontré « un succès total et immédiat ». La simple sélection des termes « vieille femme » avait suffi à lui permettre de reconstruire entièrement le raisonnement qui conduisait à la véritable interprétation.

« Après avoir quitté l'école » expliqua-t-il « je suis devenu apprenti dans une petite fabrique de chaussures qui employait une vingtaine d'hommes et de femmes non syndiqués. Mon employeur était un brave homme qui avait travaillé très durement sans jamais vraiment réussir. Cette situation finit par changer, grâce à une augmentation du nombre de contrats passés par le gouvernement, ce qui créa une expansion de la fabrique. Le patron devint mesquin, irritable, arrogant, avare et sévère, et finit par perdre l'estime de ses employés. En raison de son humeur hargneuse et acariâtre, on l'appelait souvent " la vieille ".

« Il imposa des salaires injustes qui provoquèrent le ressentiment des ouvriers. Ils avaient beau murmurer, personne n'avait vraiment le courage d'en parler au patron lui-même. Moi, le jeune idiot passionné par ses idéaux et rempli du désir de faire triompher la justice, j'étais un bouc émissaire tout trouvé. Je fus donc envoyé dans la fosse au lion.

« Vous le savez, un homme d'âge mûr n'a pas grand mal à humilier un gamin de dix-neuf ans. Il m'accabla de toutes les méchancetés que son esprit lui inspirait — et il avait de l'imagination. J'étais un jeune voyou, une menace pour tout pays civilisé, un agitateur, un danger pour le développement de l'entreprise. Il me renvoya sur-le-champ en me menaçant de faire en sorte que je ne puisse plus jamais trouver un autre emploi dans la région.

« Pour avoir été assez stupide pour me battre à la place d'hommes trois fois plus âgés que moi, je méritais une sanction, mais je ne crois pas que je méritais de voir anéantir toute la confiance que j'avais en moi. J'étais à la fois hébété et malheureux lorsque je pensais au patron révoltant que j'avais autrefois admiré et estimé. C'est le seul être pour lequel j'aie jamais ressenti une haine profonde, et cette haine n'a rien perdu de sa force.

« Je pense donc que le sens de mon rêve est celui-ci. La " vieille femme ", c'est mon patron.

L'enterrement du cadavre représente mon désir que les mensonges dont on m'a accablé ne soient pas communiqués à des gens qui pourraient me nuire. L'angoisse que j'ai éprouvée tout au long de l'enquête me rappelle ce que j'ai ressenti après mon entrevue avec mon patron. L'incohérence finale est la manifestation subjective de ma vie brisée, la pierre tombale s'écroulant sur moi pour marquer son mépris. »

Nous devons admettre la justesse de l'interprétation que M. P. H. A. donne de son propre rêve. Elle met plusieurs points en lumière :

1. Le personnage d'un rêve qui semble inconnu au rêveur peut être en réalité quelqu'un que celui-ci connaît très bien et dont l'importance a été très forte sur le plan émotionnel.

2. Un personnage féminin peut en représenter un autre de sexe opposé. Il est possible qu'en analysant son rêve, la personne évoque par hasard une association de cet ordre. L'interprétation de M. P. H. A. indique la possibilité qu'une femme d'apparence masculine apparaisse dans un rêve sous les traits d'un homme.

3. Le mécanisme du rêve représente un désir par l'acte qui lui correspond, puisque le désir et l'acte sont inconsciemment associés l'un à l'autre. C'est ainsi que le désir de mort qui a « la vieille » pour objet est satisfait par le rêve décrivant cette mort comme un fait accompli.

4. Le rêveur peut interpréter lui-même son rêve en appliquant la méthode des associations d'idées. Cette méthode révèle les pensées, latentes dans le rêve, qui contiennent le désir à l'origine de ce rêve.

5. Le rêve et les idées qu'on lui associe illustrent l'ambivalence émotionnelle qui caractérise l'inconscient. Le « bon » patron autrefois admiré et respecté s'est changé en un objet de peur et de haine en devenant un « mauvais » patron qui traite impitoyablement ses employés. En dépit de la haine profonde vouée à la victime, l'admiration et le respect survivent au sens où la culpabilité et le remords accompagnent l'idée du meurtre et de l'enterrement.

Pour cet homme, les rêves étaient liés aux sciences occultes et à l'ésotérisme. « Je crois sincèrement », affirma-t-il, « qu'il existe des forces ayant un pouvoir dévastateur sur le destin des individus, et même sur celui de collectivités entières ». Il est certain que son rêve est l'illustration de cette idée. Le bien et le mal sont parfois si intimement mêlés qu'on ne peut les distinguer l'un de l'autre que si l'on a une connaissance particulière de ce genre de problème. L'interprétation des rêves, qui tire sa substance des ressources de notre personnalité profonde, est un moyen de lutter pour le bien fondamental de l'humanité, et pour la vérité.

8

Rêves de crime et rêves de punition

La combinaison d'un rêve « de crime » et d'un rêve « de punition » est d'un intérêt particulier, car chacun donne sur l'autre de précieuses informations — nous y avons déjà brièvement fait allusion au chapitre 5. Dans toutes les paires de ce type, l'un des rêves décrit la punition encourue pour le crime dépeint dans l'autre. Un « crime », ainsi que nous l'avons vu, est une certaine pensée, un désir ou un souvenir que la conscience du rêveur désapprouve. L'acte criminel perpétré dans un rêve provoque un sentiment de culpabilité neutralisé par l'auto-punition imaginée dans l'autre.

Voici une combinaison de rêves illustrant ce principe :

1. « Je me trouvais involontairement impliquée dans une affaire d'escroquerie. Cela me tourmentait beaucoup et j'essayais d'expliquer ce qui s'était passé à quelqu'un. Nous étions dans une pièce obscure. Je m'aperçus soudain qu'une troisième personne se tenait dans un coin de la pièce, et qu'elle m'écoutait. Je ne voyais ni

le visage de la personne à laquelle je parlais ni celui de celle qui m'écoutait. »

C'est le rêve criminel, le crime étant représenté par l'escroquerie dans laquelle cette femme, qui tente de s'expliquer, est impliquée. On a pu établir de quel crime elle s'accusait vraiment en s'intéressant à sa vie privée. Elle se sentait coupable de s'être séparée de son mari, d'avoir mis fin à leur union par le divorce. Dans le rêve elle essaye de se justifier, parce qu'elle ne voudrait pas qu'on ait mauvaise opinion d'elle.

Dans les rêves, les gens dont on ne peut voir le visage représentent habituellement un aspect de la propre personnalité du rêveur. Cela veut dire que cette femme s'efforce de s'expliquer à elle-même la raison de l'échec de sa vie de couple. La pièce obscure représente l'escroquerie que son mariage s'est avéré être. La personne qui écoute, dans l'ombre, représente probablement sa propre conscience.

2. « J'étais prisonnière d'un groupe de gens qui m'emmenaient vers un lieu d'exécution. En passant devant une remise, je remarquai une vache qu'ils avaient suspendue au plafond par les pattes. Je me souviens d'avoir pensé que si ces gens pouvaient être aussi cruels envers un animal, je ne pouvais pour ma part en attendre aucune pitié. »

Ce second rêve représente la punition du crime décrit dans le premier. La femme est conduite vers un lieu d'exécution où elle sera pendue comme la « vache ». La punition du « crime », qu'elle a commis est tout simplement la mort.

Un examen plus poussé de sa vie réelle révéla

qu'elle rougissait très souvent. Nous pouvons présumer que cette habitude trahit également le sentiment de culpabilité que reflètent les rêves. Les tensions émotionnelles qui avaient abouti à l'échec de sa vie conjugale exerçaient encore leur action sur cette femme, sous forme de tel ou tel symptôme nerveux dont elle était affligée.

Une autre femme fit le récit du rêve qu'elle avait fait :

« Mon fils avait été condamné à mort. Je ne sais plus quel crime il avait commis. Il ne fut pas retenu en prison, mais fut autorisé à rester à la maison jusqu'à son exécution. Comme j'ignorais quand cela aurait lieu, j'avais peur de ne jamais le voir revenir, chaque fois qu'il sortait. Une nuit il partit en laissant derrière lui un carnet de bal. Le mot " Entracte " était remplacé par " Pendaison ", et j'ai su que je ne reverrais jamais. J'étais dans un état lamentable et on dut me donner des sédatifs pour me calmer. »

C'est un rêve de punition. Bien qu'il y ait une allusion au « crime », sa vraie nature est éludée. Mais on peut la découvrir au moyen de l'analyse du rêve. D'après la psychanalyse, le « crime » d'un fils est simplement d'être amoureux de sa mère, et par conséquent, le rival de son père. C'est le célèbre complexe d'Œdipe, qui tire son nom du vieux mythe grec dans lequel Œdipe tua involontairement son père et épousa sa mère. Lorsqu'il découvrit ce qu'il avait fait, il se punit en se crevant les yeux.

Il se peut que cette femme ait senti que son fils s'interposait entre son mari et elle. Cela peut être le crime qui, d'après elle, a mérité la pendaison. Le rêve montre pourtant qu'elle essaie de se persuader que la situation n'est pas aussi sérieuse qu'elle le croit. C'est pourquoi, bien que son fils dût être exécuté, il est autorisé à rester en liberté, chez lui, et même à aller danser.

Le fait que son fils vive chez elle satisfait un autre désir. Il semble que cette personne fasse une fixation émotionnelle à son sujet ; elle dépend peut-être de lui pour l'affection qu'elle n'a pas reçue de son mari. L'anxiété qu'elle éprouve dans le rêve proviendrait en fait de l'idée que le lien affectif qui l'attache à son fils pourrait être rompu.

En résumé, ce rêve semble concrétiser un conflit qui s'est produit dans l'esprit de cette femme, elle considère que son fils est coupable d'un crime mais essaye en même temps de se convaincre que la situation n'est pas si grave qu'elle l'imagine.

Le complexe d'Œdipe a un équivalent féminin, qui est le complexe d'Electre (mais l'expression « complexe d'Œdipe » est quelquefois attribuée aux femmes aussi bien qu'aux hommes). Nous n'avons examiné que l'un des éléments de la paire de rêves, celui qui représente la punition. Voici l'autre partie d'une paire similaire, celle qui traite du crime. Dans cet exemple, le souvenir du rêve de punition avait été refoulé. C'était une femme de vingt-sept ans qui avait fait ce rêve :

« Mon père, qui est mort il y a dix ans, me disait qu'il voulait que j'aie un enfant de lui. Je lui ai dit que c'était mal, et je me souviens d'avoir été terriblement choquée. »

Elle associa à ce rêve les idées suivantes :

« Je rêve très souvent de mon père, que j'aimais très profondément. Mon mari et moi n'avons pas encore d'enfant, mais nous espérons en avoir un lorsque nos moyens nous permettront de fonder une famille. »

Ce rêve nous renvoie au complexe d'Electre, dont le nom provient également d'un mythe grec. C'est l'histoire d'Electre, dont la mère avait assassiné le père, et qui, aidée de son frère Oreste, le vengea en mettant leur mère à mort. Electre voulait venger son père parce qu'elle lui était très attachée, et c'est cet attachement profond que l'on retrouve dans le « crime » présenté par le rêve de la jeune femme.

Cet attachement est si extrême qu'elle pense à avoir un enfant de son père (la mort n'est pas un obstacle pour le mécanisme du rêve, dans lequel seuls les désirs, et non les réalités, jouent un rôle). Nous remarquons aussi l'impression de choc, qui est la réaction de la conscience à cette idée. Cela corrobore la conclusion qu'il doit y avoir eu un rêve montrant la punition encourue pour ce crime, même si le souvenir en a été perdu.

Nous devons aussi noter deux autres désirs intégrés dans ce rêve. L'un est le désir que le père soit encore en vie. Comme la jeune femme l'aimait infiniment, c'est un désir très compréhensible. Le rêve y répond en ramenant le père à la vie.

Le second est le désir que la jeune femme

éprouve d'avoir un enfant de son mari. Le père n'est pas uniquement sa propre image, il représente aussi l'époux. Celui-ci incarne la figure paternelle que tout homme est normalement pour sa femme. Ce second désir est lui aussi facile à comprendre, puisqu'elle a elle-même admis qu'elle aimerait fonder une famille dès qu'elle en aurait les moyens matériels.

L'importance émotionnelle de la figure du père est encore illustrée par un autre rêve de crime décrit plus loin. Dans ce cas, l'émotion dont il est question est l'hostilité, accompagnée du sentiment de culpabilité qu'elle est à même de provoquer.

Un homme avait rêvé qu'il se trouvait sur le bord d'une route et observait un défilé. Une voiture découverte transportant le Premier ministre suivait, et lorsqu'elle arriva à sa hauteur, l'homme sortit un Luger de sa poche et abatti le Premier ministre. En se retournant, il vit un autre homme armé d'une carabine, qui tira sur lui, et il tomba sous l'impact de la balle. Tandis qu'il était étendu sur le sol, inconscient, il était sermonné par le second au sujet de ce qu'il avait fait, mais la voix était vague, et il ne pouvait distinguer un seul mot de ce qu'elle lui disait.

Ce rêve rappelle l'assassinat du Président Kennedy et les événements qui ont suivi cette tragédie. Il pourrait vraiment donner une idée des raisons inconscientes pour lesquelles des assassins abattent les dirigeants politiques, dans la vie réelle. Ces dirigeants sont pour le peuple des figures du père, et en tant que tels, ils suscitent à la fois l'affection et la haine des gens, en fonction des sentiments que ceux-ci ont éprouvé pour leurs propres pères.

Ce rêve apaise donc de façon symbolique l'hostilité envers son père que cet homme a refoulé. Il compense aussi le sentiment de culpabilité provoqué par cette hostilité. Le crime et sa punition sont ainsi combinés dans un rêve unique. L'homme sent que seule sa propre mort peut racheter son acte, et la voix de sa conscience (l'homme armé de la carabine) le blâme tandis qu'il « paye » sa faute. Mais à ce moment même, il tente encore de réprimer les reproches que lui adresse sa conscience, comme on le voit dans le fait que les mots sont indistincts. L'homme feint de ne pas pouvoir entendre ce qu'on lui dit, car en réalité il ne veut rien entendre. Dans les rêves, ce que le rêveur ne peut pas faire est toujours ce qu'il ne veut pas faire. Le conflit entre l'impulsion et la conscience apparaît clairement dans cet exemple de rêve de crime et de punition.

La lutte entre l'impulsivité et la conscience procure aux auteurs de fiction quelques-uns de leurs meilleurs matériaux. Cela prouve que les idées que l'on rencontre dans les romans, les films, les pièces de théâtre, etc. sont du même ordre que celles que le sommeil transforme en rêves. Elles jaillissent de la même source inconsciente.

Prenons un exemple.

Dans « L'histoire d'Andrew Hale », une série télévisée populaire dans les pays anglo-saxons, le Major Seth Adams, qui conduit une caravane de chariots dans l'Ouest américain, dit rêver très souvent qu'il se bat contre les peaux-rouges. Les indiens ou d'autres éléments étrangers ou hostiles symbolisent le contenu de l'inconscient. Les rêves indiquent que le Major Adams combat et refoule constamment ses instincts agressifs, qui apparaissent d'ailleurs lorsqu'il entre dans de violentes colères, ce qui se produit fréquemment au cours du récit.

Ces rêves correspondent donc parfaitement au caractère du personnage et dénotent le sens psychologique des auteurs de la série. Ils font également apparaître sous un nouveau jour les raisons inconscientes qui ont poussé le Major Adams à exercer ce métier. En conduisant les pionniers et leurs chariots dans l'Ouest, il se donne l'occasion d'actualiser son conflit intérieur. C'est ce qui se produit lorsque la caravane est réellement attaquée par les Indiens et qu'il peut libérer ses pulsions agressives en les combattant.

Nous voyons donc à quel point les instincts refoulés et le besoin de punition qu'ils suscitent sont liés dans le produit de l'imagination que l'inconscient projette dans le sommeil et dans la vie réelle. Les rêves et les fantasmes sont importants pour la compréhension qu'ils nous donnent non seulement de notre propre personnalité, mais aussi de la psychologie d'un criminel.

9

Le fantasme du héros

M. R. M. G. nous dit avoir rêvé à plusieurs reprises qu'il se trouvait à Farewell Spit, un promontoire qui s'étend sur environ 27 km à la pointe nord-ouest de l'île néo-zélandaise sud. « Dans chaque rêve », ajouta-t-il, « j'éprouvais une peur terrible. Je ne suis allé qu'une seule fois à Farewell Spit au cours de ma vie, et dans la mesure où mon opinion est objective, je n'ai aucune raison de m'en souvenir avec crainte, ou même de m'y intéresser suffisamment pour en rêver. »

Il est donc clair que ce promontoire représente autre chose, que M. R. M. G. craint réellement. De quoi peut-il s'agir ? Mais nous devrions plutôt dire que cela représente une chose qu'il désire, puisque les rêves sont en réalité fondés sur les désirs et non sur les craintes. Un rêve qui provoque une peur intense est l'expression d'un désir que le rêveur s'est interdit de ressentir. La peur est la réaction de sa conscience lorsque le désir menace d'apparaître dans le rêve.

On recommanda donc à M. R. M. G. de chercher à comprendre par lui-même ce que le promontoire représentait pour lui. On lui suggéra de se reporter par la pensée à l'époque où il avait fait cette visite, et de retrouver les réflexions et les souvenirs qu'elle lui avait inspirés. On lui assura que cette méthode d'associations d'idées lui rappellerait probablement un fait qui livrerait la clé de la signification symbolique de Farewell Spit.

M. R. M. G. se conforma à ces suggestions, et put donc apporter l'explication suivante : « Je pense avoir à présent bien compris le sens de ce rêve. En retournant par la mémoire à Farewell Spit, je me suis rappelé d'un petit bateau de pêche naviguant assez loin du rivage. Je me souviens que l'homme qui conduisait notre car avait déclaré qu'il ne voudrait pas se trouver sur ce rafiot pour tout l'or du monde. Les eaux de cette zone étaient connues pour la violence soudaine avec laquelle elles montaient. »

Il se souvenait également que tous les élèves de la petite école de campagne où il allait suivaient des cours de secourisme et apprenaient à pratiquer la respiration artificielle. Il faisait piètre figure à ces cours, et les autres enfants se moquaient souvent de lui pour cette raison.

« En voyant ce petit bateau », poursuivit-il, « et en entendant les paroles du conducteur, j'ai souhaité que le bateau soit plus près du rivage, lorsqu'il chavirerait. Je pourrais alors m'élancer et repêcher les occupants à moitié noyés. Les enfants de l'école verraient bien si j'étais incapable de sauver des vies ! »

Il interprétait donc son rêve comme le reflet d'un désir de faire ses preuves auprès de ses anciens camarades d'école. Il ajouta : « Je pense que la peur que j'éprouve dans mon rêve est la réaction de ma conscience à l'idée terrible de risquer la vie d'un être humain dans le seul but de gagner, par l'imagination, la confiance de mes camarades. »

Cet homme avait donc des souvenirs pénibles liés à l'entraînement au secourisme qu'il pratiquait à l'école. Il fit du désir que provoquaient ces désagréments un ingrédient du fantasme qui le représentait dans son rêve en train d'agir pour sauver des gens. Il imaginait qu'il ramenait sains et saufs les occupants du bateau chaviré. Si on ne le voit pas accomplir cet exploit dans le rêve, c'est parce que sa conscience, qui désapprouve ce désir, en censure la concrétisation. Seul demeure le sentiment d'anxiété face à ce désir ; un désir qui entretenait ses fantasmes, visait à contrebalancer son sens d'infériorité, et à lui faire prendre sa revanche sur les élèves qui l'avaient tourné en ridicule.

On peut aussi supposer qu'il est possible de considérer ce désir, de manière plus générale, comme un besoin de faire ses preuves non seulement devant ses camarades de classe, mais devant le monde entier.

Le fantasme sur lequel se fondait le rêve de M. R. M. G. apparaît également le jour, dans notre imagination. Il est en fait l'un des quelques types courants de rêves diurnes, les autres tirant leur substance du fantasme de l'héroïsme, des honneurs, de la conquête, et de la souffrance.

« Par la rêverie », écrit Freud, « l'être humain peut continuer à rester libre de l'emprise du monde extérieur, qu'en fait il a abandonné depuis longtemps... La création d'un domaine mental plein de fantasmes est le parfait équivalent de l'établissement de " réserves " et de " parcs naturels " là où l'agriculture, le trafic routier ou l'industrie menacent de rendre rapidement la nature méconnaissable. La " réserve " vise à conserver l'ancien état des choses, qu'on a partout ailleurs sacrifié, à regret, à la nécessité ; ici, tout peut pousser et croître à son gré, y compris ce qui est inutile ou même nuisible. Le royaume de l'imagination est de la même manière une réserve préservée de l'infiltration des principes du monde réel. »

Voici un exemple de rêve « éveillé » qui recourt au fantasme du héros. Un homme expliqua qu'il imaginait que le tracteur conduit par son beau-frère se renversait et tombait dans un fleuve. Il se voyait plonger et nager vers son beau-frère pour le sauver. Pendant tout ce temps, des requins nageaient dans les profondeurs. « En réalité », conclut-il, « je ne pourrais même pas parcourir la moitié de cette distance, à la nage ».

Ce rêve est axé sur le même fantasme que celui de M. R. M. G. Par ce moyen, l'homme se met en valeur. Nous le voyons essayer d'accomplir une action d'éclat qui améliorerait l'opinion qu'il a de lui-même et l'estime que les autres lui portent.

Un autre jeune homme raconte qu'il imagine souvent qu'il accomplit un exploit héroïque, et que son nom et sa photo apparaissent dans le journal local, où il est loué pour sa bravoure. Par l'imagination, dans des circonstances qui varient en fonction de la réalité, ce jeune homme réalise des exploits qui lui valent les applaudissements du public.

Le thème général des autres types de rêveries est sensiblement le même. L'imagination contrebalance la frustration, le sentiment d'être inférieur aux autres, ou une circonstance déprimante que le rêveur doit subir dans sa vie réelle.

Le fantasme du comportement noble fait du rêveur un héros conquérant. « Je rêvasse souvent », avoue un homme de trente-deux ans, « et je suis parfois si absorbé par mes rêveries qu'il m'est arrivé d'avoir un accident. Dans mon imagination, je me vois toujours sous les traits du héros triomphant ; mais en réalité, je rate toujours tout ce que j'entreprends. »

Un autre raconta qu'il s'abandonnait souvent à des rêves d'agressivité. En particulier, il imaginait toutes sortes de situations qui lui permettaient de rosser des « gangs » entiers de bandits, ou celui, quel qu'il soit, qui aurait le front de croiser son chemin.

Un jeune homme de vingt-quatre ans déclara qu'il rêvait de sauver ses parents de la mort, et ainsi de devenir un héros. Mais ce fantasme exprime également l'hostilité qu'il éprouve à l'égard de ses parents, qu'il avoua détester. En imaginant qu'il les sauvait, il rachetait le sentiment de culpabilité découlant de l'hostilité qui lui faisait imaginer ses parents en danger de mort.

L'exemple suivant illustre de façon éloquente le rôle de l'imagination, qui compense, en montrant la satisfaction d'un désir, la frustration éprouvée dans le monde réel. M. H. K. R., jeune employé de bureau de dix-huit ans, expliquait : « Je préfère me construire un monde de fantaisie dans lequel je fais les choses et je joue le rôle que ma timidité m'empêche de faire en réalité. Quand je ne peux m'évader de cette manière je deviens dépressif, asocial et parfois suicidaire. »

Un autre encore relata les rêveries qui lui étaient coutumières : « Lorsque je me rends à mon travail, ou quand je sors, j'imagine des situations où les gens m'appellent à leur secours parce qu'ils se noient ou sont pris dans les flammes. C'est moi qui les sauve. J'imagine aussi que je suis un athlète célèbre et que je gagne toutes les manifestations sportives auxquelles je participe. »

La situation réelle de ce jeune homme était exactement inverse. Il admit que, dans le passé, il s'était toujours conduit en lâche. « Je souffre d'un complexe d'infériorité. Même si j'ai fréquenté deux filles, je doute de pouvoir me marier. J'ai senti cela à chaque fois, dès que j'ai commencé à sortir avec elles. Toutes les fois où je pense au mariage, je suis soudain pris de peur sans que je puisse me dominer. D'une certaine manière, je ne me sens pas assez « homme » pour pouvoir affronter la vie. Depuis l'âge de quatorze ans, j'ai envisagé plusieurs fois la possibilité de m'infliger une blessure irrémédiable. »

Cet aveu montre sous un jour intéressant la façon dont un individu se considère, et le but que servent ses idées imaginaires dans le système qui régit sa personnalité. Ses rêveries indiquent que son objectif est d'être admiré. Son attitude à l'égard du mariage montre qu'il fuit le prosaïsme d'une coopération impliquée par l'aventure commune que constitue cette institution. De plus, il compense en rêve son sentiment d'infériorité ; en imaginant qu'il est un héros admiré de tous, il obtient l'impression d'avoir accompli quelque chose, et c'est ce à quoi il ne parvient pas dans la vie. Pourtant, au plus profond de lui se trouve la conviction qu'il ferait mieux d'en finir avec tout cela, ce qui explique son idée obsessionnelle de se blesser de manière irrémédiable. S'il ne réussissait pas à se débarrasser de lui-même, il pourrait du moins se rendre infirme et susciter la pitié et la sympathie des autres. Il parviendrait ainsi à ses fins dans les deux cas.

Le fantasme du héros sauveur se rencontre ailleurs que dans les rêves et les fruits de l'imagination. On se demande à quel point les romans s'appauvriraient sans cette « ficelle ». Si les romanciers ne pouvaient pas placer leur héroïnes dans des situations qui nécessitent l'intervention du héros, ils s'en trouveraient fort embarrassés. Ce thème n'a pas cessé d'être l'un des éléments clé du roman, puis du cinéma et de d'autres sortes de divertissement relevant de la fiction, du jour où l'homme a commencé à distraire ses contemporains en se servant de son imagination pour tisser la trame des histoires qu'il leur contait.

Ce fantasme se retrouve aussi dans le domaine religieux. L'un des principes de base du christianisme est que Dieu a envoyé Son Fils au monde pour sauver l'humanité de ses péchés. Dans les religions païennes également, les dieux et les déesses sont considérés comme des êtres intervenant dans les affaires des hommes, et jouant le rôle de sauveurs. Nous pouvons présumer que cela provient du propre désir de l'être humain de sauver, et d'être sauvé. Les prières et les hymnes adressés à la divinité sont souvent exprimés en des termes qui indiquent particulièrement ce dernier besoin.

Les fantasmes doivent avoir une importance spéciale dans le mécanisme psychologique de ceux qui ont de la vie une idée préconçue. Ils sont incapables d'accepter une relation humaine fondée sur l'association, la collaboration établie sur un pied d'égalité. Selon eux, l'un des partenaires doit être le sauveur, et l'autre, celui qui est sauvé. La vie est pour eux un monde qui rappelle le royaume des Enfers du mythe d'Orphée, et dans lequel ou bien ils s'élancent à la rescousse de celui qu'un danger imminent menace, ou bien ils attendent patiemment qu'on vienne les sauver d'une situation de cette sorte. Ils s'attribuent soit le rôle d'Orphée, qui cherche à délivrer l'autre de ses difficultés, soit le rôle d'Eurydice qui attend, en espérant qu'on viendra la libérer.

Ces désirs communs à l'espèce humaine sont concrétisés dans les mythes, la poésie, la religion, et les rêves qui ont occupé et charmé l'homme, depuis des temps reculés, par leur ravissante naïveté et l'impression illusoire d'accomplissement qu'ils procurent.

10

Existe-t-il des rêves prophétiques ?

L'une des voies annexes, passionnante, de la psychologie, est la recherche d'un procédé plus direct pour interpréter les rêves. Certains de ceux qui ont écrit sur ce sujet ont considéré la possibilité d'établir une classification des symboles comme s'il s'agissait de définir des mots. C'est ce qu'on pourrait appeler la méthode d'interprétation lexicographique.

Elle se fonde sur l'idée que les symboles d'un rêve peuvent être répertoriés par ordre alphabétique, chacun étant suivi du ou des sens qu'on lui attribue. Tout ce qu'il reste à faire au rêveur est de sélectionner un symbole important de son rêve, de le rechercher dans ce dictionnaire, et alors il pourra en comprendre la signification.

Prenons un exemple : une jeune femme avait rêvé qu'elle allait épouser un vieil homme repoussant. Ce rêve est interprété, dans le dictionnaire, sous le titre « Mariage ». Si vous regardez la rubrique qui concerne ce terme dans, disons, le dictionnaire encyclopédique des rêves qu'a écrit Zolar, vous vous apercevrez qu'elle regroupe un certain nombre de rêves ayant le mariage pour thème commun. L'un d'eux concerne le fait qu'une jeune femme rêve d'épouser un vieil homme. La signification avancée est qu'il faut s'attendre à la maladie et à des soucis.

Cette interprétation donne lieu à trois objections. La première est qu'elle table sur le fait que les rêves concernent l'avenir. Il peut y avoir une part de vrai dans cette idée, mais avant d'affirmer que c'est le cas, nous devons essayer d'en trouver le lien avec le passé. La deuxième est qu'aucune preuve n'est avancée pour soutenir l'affirmation que la maladie et les soucis sont les événements particuliers que l'avenir tient en réserve. La troisième est que, de l'avis de la rêveuse elle-même, cette interprétation est fausse.

Son interprétation personnelle du rêve qu'elle avait fait fut révélée par les idées qu'elle y associa. « Depuis mes quatorze ans, j'ai eu peur de ne pas pouvoir me marier. Je sentais que je resterais seule, ou que je devrais épouser un homme âgé et pas très gentil juste dans le but de trouver la sécurité. Peut-être que ce besoin n'est pas satisfait et que dans mon esprit, les hommes âgés sont associés à l'argent et à la sécurité qui en découle. »

Ces associations montrent que ses pensées et le sens de son rêve ne sont pas concernés par la maladie et les soucis, mais par la sécurité. Le vieil homme repoussant ne représente pas une menace, mais en l'occurrence, quelque chose qui attire la jeune femme. Le rêve reflète son désir de trouver la sécurité, qu'elle identifie à un mariage avec un homme âgé.

Le système traditionnel de l'interprétation des rêves rejette la théorie qui veut que la signification du rêve pourrait être découverte simplement en se référant à un dictionnaire, sans qu'on prête attention à la personnalité et à la vie du rêveur. Le Dr Sandor Ferenczi a résumé cette critique en ces termes : « Il serait très attrayant de compiler tous les fragments de rêve qu'on peut expliquer par des symboles et de rédiger un traité moderne sur le rêve, dans lequel l'interprétation serait découpée en fonction des différentes composantes. Mais ce n'est cependant pas possible. »

Rejetterons-nous aussi l'idée que les rêves sont des présages de l'avenir ? Avant de répondre à cette question, il nous faut établir certains faits. Il serait vain de discuter de ce problème si l'on n'était pas sûr que des rêves qui semblent prédire l'avenir se produisent vraiment.

« Freud a probablement résolu bien des énigmes liées au mécanisme du rêve », écrit le Dr Oskar Pfister dans « Some Applications of Psycho-Analysis », « sans aucun doute, les plus importantes. Mais plusieurs problèmes essentiels de la psychologie du rêve demeurent irrésolus ». Bien qu'il n'y soit pas fait référence, celui que nous abordons ici est l'un d'entre eux.

Dans l'article que Freud a consacré au sens occulte des rêves, nous lisons : « Il ne peut vraiment y avoir aucun doute que des choses telles que les rêves prophétiques existent, au sens où leur contenu livre une sorte d'image du temps futur. Le véritable problème est de savoir si ces prédictions coïncident dans une mesure notable avec ce qui se produit réellement par la suite. »

Nous allons tenter d'établir des faits en utilisant des exemples d'un genre particulier : ceux dans lesquels les résultats d'un concours hippique apparaissent dans un rêve antérieur à la course.

On a choisi ce thème parce que, en simplifiant le problème, il permet de mieux le comprendre. Un rêve ayant un tel sujet est plus susceptible d'être comparé avec les événements qui ont suivi que n'importe quel autre type de rêve prémonitoire. Nous n'avons besoin de nous poser qu'une seule question : les chevaux ont-ils gagné la course, oui, ou non ? En répondant à cette question avec clarté, un rêve de ce genre réunit les conditions de simplification désirables lorsqu'on se penche sur ce problème.

Ce n'est naturellement pas le seul type de rêves prophétiques, mais les autres pourraient ajouter une certaine confusion à la discussion. Ils pourraient contenir plusieurs éléments, dont certains se vérifieraient, et d'autres pas. Nous aurions ainsi des doutes sur la nature réellement prophétique du rêve. Dans le cas d'une course de chevaux, il n'y a pas de doute possible.

Une habitante de Birmingham avait, à plusieurs reprises, vu en rêve qu'un certain cheval remportait une grande course — et c'est ce cheval qui arriva le premier. « A l'époque », a déclaré cette femme, « je ne m'intéressais absolument pas aux courses hippiques, et je n'y connaissais rien ».

Un journal dominical annonça qu'une femme

de trente-cinq ans, vivant à Halifax, avait rêvé douze heures avant la course que Pinza remportait le Derby, et le cheval gagna.

Le matin du jour où un autre Derby devait avoir lieu, un homme rêva qu'il entendait annoncer les deux premiers classés. Il en fut si impressionné que malgré le peu d'intérêt qu'il portait à ce sport en temps normal, il regarda la retransmission télévisée et eut la surprise de voir que son rêve avait dit vrai.

« Il y a quelques années, la nuit qui précédait une course importante », raconta un maçon de quarante-huit ans, « j'ai rêvé de chevaux qui franchissaient le poteau, et j'entendis leurs noms. J'écrivis le nom des trois premiers à l'heure du petit déjeuner. Ma prémonition s'est trouvée vérifiée. Je ne m'intéresse pas aux courses, et d'ailleurs, je ne parie jamais sur les chevaux ».

« Je ne fais vraiment que très rarement des paris sur les chevaux », déclara un autre homme, « mais la veille du tiercé de Lincoln je me suis endormi en y pensant. J'ai fait un rêve très net. J'étais au bar, à Lincoln, et j'entendais une voix dans le haut-parleur annoncer distinctement que le premier était le six, et le deuxième, le cinq. Je répétais ces chiffres plusieurs fois, puis je me réveillai. J'ai raconté ce rêve au petit déjeuner. Cet après-midi-là le vainqueur était le six, et le second, le cinq ».

Selon la presse, une mère de famille de vingt-six ans rêva, en l'espace de quatre ans, des chevaux gagnants de plusieurs courses traditionnelles, bien qu'elle n'ait eu aucune idée en se

couchant des noms des chevaux qui y participe-
raient. Avant de faire ces rêves, elle ne s'intéressait pas aux courses, et n'avait jamais parié sur
aucun cheval.

Elle rêva qu'elle passait ses vacances à Clon-
carrig, bien qu'elle ne fût jamais allée en Irlande.
Un cheval de ce nom remporta le « Grand
National ». Une autre fois, elle rêva de la couleur
de la casaque du jockey, blanche et noire. Une
autre fois encore, elle rêva qu'elle disait à son
bébé : « Viens ici, mon amour. » Le lendemain,
« Mon Amour » remportait le Derby.

Les arguments en faveur de la théorie selon
laquelle certains rêves prédisent l'avenir sont
fortement étayés par les exemple qui viennent
d'être cités. Un ensemble d'éléments, dont ces
cas sont représentatifs, s'accumule peu à peu, et
indique que, du moins dans une minorité de
rêves, les événements futurs se font pressentir.
Ces arguments de poids ne peuvent être aisé-
ment négligés.

Et pourtant, nous allons à présent démolir les
arguments que nous avions jusqu'à présent
accumulés avec soin pour soutenir l'idée que
l'avenir peut être annoncé par les rêves. Nous
y parviendrons en établissant que pour tout
prétendu rêve « prophétique » il en existe un
autre qui semblait prophétique mais ne l'était
pas.

Nous avons cité huit rêves qui paraissaient
prédire l'avenir ; nous allons maintenant en citer
huit autres, qui ne se vérifièrent absolument
pas.

Un quotidien national annonça que son pronostiqueur avait « vu » en rêve le vainqueur du Handicap de Manchester de Novembre, quinze jours avant la course. Le cheval en question était le favori, Western Window, qui dans le rêve remportait la compétition d'une demi-longueur. A l'arrivée de la véritable course, Western Window se trouvait en huitième position.

Un collègue de l'auteur du présent ouvrage lui dit un jour avoir rêvé qu'il lisait dans les informations de dernière heure d'un journal que « Royal Tan » avait remporté le Grand National à 26 contre 1. Quelques semaines plus tard, on sut que le cheval n'avait même pas couru, car il avait été retiré avant la course.

Un jeune homme rêva d'une course dans laquelle deux chevaux entraient en compétition pour la première place. Le cheval qui remportait finalement l'épreuve, dans le rêve, s'appelait « Twenty-Twenty ». Lorsque, le matin venu, le jeune homme consulta la liste des participants de la course qui devait avoir lieu ce jour-là, le nom de ce cheval y figurait. Mais le vainqueur ne fut pas Twenty-Twenty.

Une jeune femme rêva qu'un certain cheval remportait le Grand National. Cette prédiction se réalisa. L'année suivante, elle rêva encore du « gagnant » de cette course. Le cheval ne se plaça pas. Un an après, elle rêva de nouveau du vainqueur du Grand National. Le cheval, une fois encore, arriva non-classé.

Un autre rêva qu'une course était remportée par un cheval du nom de Baire. Ses espérances furent sérieusement déçues car Baire ne se plaça pas dans la véritable course.

Les deux derniers exemples sont tirés d'un article du « Reader's Digest » : « L'homme qui rêvait des vainqueurs. »

Après avoir fait référence à un certain nombre de ses rêves où les gagnants étaient annoncés, l'auteur, John Godley, ajoutait : « J'ai rêvé que je marchais le long d'une rue quand j'ai entendu, venant d'une boutique, que la radio diffusait le compte-rendu d'une course. Je m'approchai très vite pour mieux entendre, mais la retransmission avait pris fin. Je demandai à un passant s'il savait qui avait remporté la course.

« C'est Claro » répondit-il d'un ton indifférent, et ce rêve se terminait là.

« Le lendemain je pariai sur Claro et j'écoutai la retransmission de la course avec des amis. Claro ne se plaça pas. A aucun moment il n'avait paru être un gagnant possible. »

Par la suite, Godley rêva à la fois d'un gagnant et d'un perdant. Son rêve lui montrait le journal du lendemain, qui annonçait la victoire de Monk's Mistake et de Pretence. Vers la fin de la véritable épreuve, le premier cheval était à égalité avec un autre concurrent, mais il perdit du terrain à la suite d'une faute au dernier obstacle, et c'est l'autre cheval qui était apparu dans le rêve qui remporta la course.

Quelles conclusions peut-on tirer de tout cela ? On peut de toute évidence présumer que l'idée qu'il existe des rêves prophétiques gagne du crédit de manière très simple. Nous avons tout lieu de croire qu'on parle plus volontiers des rêves qui se trouvent confirmés par les événements que de ceux dont les prédictions ne sont pas réalisées.

On entend plus parler des premiers : immédiatement après le rêve, et lorsqu'il a été confirmé par l'actualité. Par contre, on oublie bien vite les autres, ceux qui avaient fourni de fausses prévisions. Autrement dit, l'idée que les rêves annoncent l'avenir gagne leur crédibilité du fait qu'on insiste sur les exemples qui l'étayent et qu'on néglige ceux qui l'invalident.

En examinant ce problème de plus près, on s'aperçoit que les rêves qui n'annoncent pas l'avenir sont cependant tout aussi nombreux que les autres. Aussi est-il possible qu'il ne faille attacher aucune importance particulière à ces derniers, qui ne seraient que des coïncidences. Si les rêves prédisent l'avenir, il nous faudra chercher d'autres preuves pour soutenir cette affirmation.

Cette position est exprimée comme suit par Freud, dans l'article déjà mentionné : « La notion selon laquelle il existerait un pouvoir mental, toute approche mathématique rigoureuse étant exclue, capable de prévoir les événements à venir avec précision entre, d'une part, trop en contradiction avec tout ce que la science nous permet d'espérer et d'entrevoir, et d'autre part, correspond trop exactement à des désirs humains que le temps a véhiculés et que tout jugement critique se doit de rejeter en raison de leur nature injustifiable. »

Lequel d'entre nous n'aimerait pas gagner une fortune en apprenant par un rêve les résultats de courses hippiques? Mais cette perspective fait partie des illusions un peu faciles et des faux espoirs dont on se berce.

Néanmoins, ce problème mérite qu'on s'y attache de plus près, et c'est ce que nous allons faire dans le chapitre qui suit.

11

Les rêves prémonitoires

« Une de mes amies », expliqua Mlle C. I., « a rêvé récemment que je me tuais dans un accident de voiture. Elle me l'a raconté, car, a-t-elle dit, c'est peut-être l'avertissement que je dois montrer plus de prudence au volant. Je dois admettre que cela me contrarie. J'aurais préféré ne rien savoir du tout.

« Pensez-vous qu'il soit possible que certaines personnes fassent des rêves prémonitoires ? Nous avions parlé des dangers de la route, cette amie et moi, environ une semaine avant qu'elle ne fasse ce rêve ».

Il est plutôt difficile, on le sent, de répondre à cette question par « oui » ou « non ». Si on répond par l'affirmative, cela ne risque vraiment pas de la réconforter. D'autre part, si l'on répond « non », on ne tient pas compte du fait que des rêves prémonitoires se sont déjà produits.

Il existe pourtant deux autres possibilités. La première est que les sentiments bienveillants de son amie soient mêlés d'une touche d'hostilité, que le rêve satisferait en montrant l'accident de voiture de Mlle C. I. On pourrait objecter que

91

l'hostilité n'a aucune part dans l'affection qui lie les deux amies. C'est peut-être vrai, bien sûr. La seconde explication tient compte de cette objection. Dans le rêve, Mlle C. I symboliserait quelqu'un pour qui l'amie éprouve de l'hostilité. La rêveuse remplacerait cette personne par Mlle C. I. en raison d'une ressemblance superficielle. Cette substitution serait aussi un moyen pour la rêveuse de se dissimuler l'identité de la personne à qui elle est hostile.

Le propos de cette discussion est de montrer que la méthode scientifique exige qu'on recherche d'abord des explications rationnelles avant de s'engager dans celles qui font appel au supranaturel et qui impliqueraient qu'il est possible de prévoir l'avenir. Néanmoins, même en nous conformant à cette exigence, il nous semble toujours que ce genre de rêve conserve un petit relent d'inexpliqué, et qu'il indique fortement l'existence d'une connaissance paranormale des événements à venir.

De telles idées ont toujours intrigué et fasciné les esprits curieux, et de tous temps, il y a eu des hommes pour méditer sur la possibilité de connaître l'avenir d'avance. Il y a plus d'un siècle, Joseph Haven écrivait dans son ouvrage, « Mental Philosophy » : « Il se peut qu'une loi, qui ne nous est que partiellement connue, existe, en vertu de laquelle le système nerveux, à un moment d'excitation extrême, deviendrait capable de recevoir des impressions qu'il ne recevrait pas en temps normal et entrerait en communication, de manière mystérieuse, avec des scènes, des lieux et des événements très lointains, et serait ainsi instruit des choses à venir. Y a-t-il un seul être qui puisse prouver que c'est impossible ? »

Il est certain que du temps de Haven personne ne pouvait prouver que c'était impossible. Et aujourd'hui, un siècle plus tard, nous en sommes tout aussi incapables. Nous ne sommes pas plus proches de la résolution du problème que de tels rêves nous posent. D'un point de vue traditionaliste, on pourrait même affirmer qu'il reste à établir qu'un problème se pose. Notre incapacité à expliquer tous les rêves en termes naturalistes pourrait venir simplement de notre ignorance plutôt qu'indiquer que certains relèvent d'un domaine autre que le système de référence naturel.

La difficulté qui a sans aucun doute principalement détourné les psychologues de l'étude et de l'investigation des rêves prémonitoires est que ce problème est hérissé d'implications philosophiques embarrassantes. Si l'on peut prévoir l'avenir en rêve, cela signifie que, de manière incompréhensible, il existe déjà. Mais si l'avenir existe déjà, que devient le libre arbitre ? Il faudrait peut-être alors abandonner ce concept de libre arbitre, ce ne serait qu'une illusion qui découlerait de notre compréhension imparfaite du temps.

C'est la manière de penser à laquelle le déterminisme psychologique aboutit. Cette doctrine professe que toute action est déterminée par une cause définie. L'impression de libre arbitre découle de la capacité qu'a la conscience de pouvoir observer ses propres mécanismes. De toutes les nombreuses impulsions contradictoires qui luttent dans notre esprit, le fait qu'une parvienne à dominer les autres est ce qu'on appelle le libre arbitre. Ce que nous percevons n'est cependant qu'une partie infime de ce qui se passe réellement dans notre esprit. Comme le faisait remarquer le Dr A. A. Brill, « il n'y a rien qui ressemble au libre arbitre en psychiatrie ou dans les sciences de la nature. Tout doit être déterminé ».

Citons encore un ou deux exemples de rêves du type qui fait l'objet de ce chapitre :

M. R. J. avait été blessé grièvement à la tête à la suite d'un accident de moto, où il était entré en collision avec un pont. « Avant l'accident », déclara-t-il, « j'avais rêvé plusieurs fois que j'entrais en collision avec ce pont, que je traversais en allant et en revenant de mon travail ».

Dans son livre, « An Experiment with Time », J. W. Dunne raconte un rêve qu'il fit à l'automne de l'année 1913. Il y reconnaissait un remblai élevé, qui se trouve au nord de l'estuaire de Forth Bridge. En contrebas, il voyait des groupes de gens circuler. Un train était tombé de la voie, par-dessus le remblai, et gisait sur l'herbe.

Il avait l'impression que l'accident aurait lieu au printemps suivant. Sa sœur, à laquelle il avait raconté son rêve, et lui décidèrent avec humour d'avertir leurs amis de ne pas aller vers le nord à cette époque-là.

L'histoire se termine le 14 avril 1914. Le « Flying Scotsman » dérailla au nord de Forth Bridge, renversant un remblai et s'écrasant sur un terrain de golf, en contrebas.

Une nuit, au camp de la Royal Air Force, un jeune homme rêva que sa tante entrait et venait tout près de son lit. Il se réveilla, et remarqua qu'il était deux heures et demie. Quelques jours plus tard, il apprit que sa tante était morte cette même nuit, au moment précis où il rêvait d'elle.

Examinons ce dernier exemple plus en détail. Se pourrait-il qu'au moment où la tante mourait, elle ait pensé à son neveu, et que cette pensée soit parvenue à l'esprit du jeune homme, qui aurait recréé l'image de la tante ? Cette explication, dans la mesure où c'en est une, signifierait que le rêve relevait de la télépathie.

D'un autre côté, la lucidité en était peut-être la seule cause. Le neveu aurait pensé à sa tante, dans son sommeil, ce qui ne dépendait d'aucune communication sensorielle précise, et cette pensée se serait glissée dans son rêve.

Ainsi que nous l'avons vu dans les chapitres précédents, le rêve ordinaire est typiquement un moyen de satisfaire les désirs, et il ne faut pas exclure la possibilité que le rêve décrit plus haut fasse partie de cette catégorie. Le jeune homme aurait pu, par exemple, savoir sa tante malade, et craindre qu'elle ne meure. En ce cas, il faudrait peut-être interpréter ce rêve comme la matérialisation du désir qu'elle continue de vivre, désir que le rêve satisferait en la montrant vivante.

La faiblesse de cette interprétation est qu'elle n'explique pas le fait que le rêve se produise la même nuit et au même moment que la mort.

Elle nous oblige à ne voir là qu'une coïncidence, ce qui est une solution un peu facile.

Néanmoins, les principes scientifiques exigent que partout où l'on entrevoit la possibilité d'appliquer la théorie qui dit que tout rêve est la matérialisation d'un désir, il faille absolument s'y conformer — et c'est également valable pour les rêves prémonitoires. Voici un autre exemple qui prouve que c'est possible : dans sa biographie de l'occultiste Aleister Crowley, « The Great Beast » (Rider, 1955) John Symonds cite le journal de Crowley, dans lequel celui-ci raconte que deux nuits avant le décès de sa mère, il avait rêvé qu'elle était morte. Comme il admettait lui-même qu'il détestait sa mère on peut de toute évidence voir dans ce rêve la satisfaction de désirs hostiles plutôt qu'une véritable prémonition.

Ainsi que l'exemple suivant nous le montre, des rêves apparemment prémonitoires peuvent se produire sans qu'ils se trouvent réalisés immédiatement. Une femme me dit un jour que quelques semaines plus tôt elle avait rêvé que sa fille mourrait à une date précise, qu'elle avait vue. La date arriva, et la fille ne mourut pas. Il nous faut donc chercher une explication autre que la prémonition. Nous pouvons la trouver dans notre théorie. Cette femme avait eu la douleur de perdre son premier enfant. « Notre premier bébé », dit-elle, « est mort alors qu'il n'avait que quelques jours ». Après cette épreuve, elle eut inconsciemment peur de perdre aussi son second enfant. Pour soulager l'anxiété et la tension que provoquait sa peur, elle imaginait dans ses rêves que sa fille mourait, comme pour se dire à elle-même : « Je ne peux pas supporter d'attendre dans cette angoisse continuelle, alors je vais m'arranger pour décider moi-même que cela va se produire. » C'est ce qu'elle fit lorsqu'elle rêva que sa fille mourait.

La théorie de la satisfaction des désirs implique que les rêves concernent le passé et non l'avenir. Pourtant il n'est pas rare de rencontrer des gens qui contestent ce point de vue. M. R. A. E. me fit remarquer que des rêves l'avaient plusieurs fois « averti ». Il fit référence à un rêve qu'il avait fait un mois avant de quitter l'école ; ce rêve l'avertissait de se préparer à partir à l'étranger et, lorsqu'il quitta l'école, c'est ce qui se produisit. « Ce rêve, et bien d'autres », dit-il pour finir, « m'empêchent d'accepter votre théorie, que les rêves concernent le passé et non l'avenir ».

Cette opinion peut cependant être soutenue, en dépit des rêves qui semblent la contredire. Nous pouvons supposer qu'au moment de ce dernier rêve, les pensées de cette personne étaient naturellement pleines de ce qui allait lui arriver à la fin de sa scolarité. Il se peut même qu'elle ait eut le désir de partir pour un autre pays. En ce cas, le rêve ne serait plus prémonitoire, sauf au sens où le rêve et les événements futurs étaient ensemble l'aboutissement des désirs du rêveur.

« Vous pouvez avoir entendu parler », écrit Daniel A. Simmons, « d'un rêve " devenu réalité ". Un idée donnée par un rêve peut se concrétiser si les circonstances le permettent,

97

comme n'importe quelle idée ; les mystères et les superstitions qui s'attachent aux rêves tendent à créer les conditions adéquates à cette réalisation ».

Il semble néanmoins qu'il existe vraiment des rêves prémonitoires, totalement indépendants des désirs humains. L'explication d'un pareil phénomène n'a rien de facile. Il paraît nous forcer à admettre que la conscience du rêve possède la connaissance de l'avenir aussi bien que du passé. Mais pour le moment nous devons mettre cette idée en doute. Ce que le rêve prémonitoire nous apprend réellement, c'est la nécessité de nuancer prudemment nos jugements.

12

La couleur des rêves

« Il y a quelques années », dit M. T. H., « je rêvais toujours en technicolor. J'étais d'une nature très joyeuse en ce temps-là. »

Selon le professeur Calvin Hall, qui a répertorié dans ses dossiers plusieurs milliers de rêves, les deux tiers seraient en noir et blanc. « Il n'y a qu'un rêve sur trois », écrit-il, « qui comporte une ou plusieurs couleurs ».

Quelques personnes, ajoute-t-il, rêvent toujours en couleur ; quelques autres ne voient jamais la moindre coloration dans leurs rêves ; quant à la majorité des gens, il leur arrive de rêver en couleur, mais ce n'est généralement pas le cas.

C'est un point de vue que Gladys Mayer ne partage absolument pas ; dans « Colour and Healing », elle soutient la thèse que tous les rêves sont en couleur. De même que nous rêvons tous, mais ne nous rappelons pas toujours de nos rêves, pense l'auteur, nous rêvons tous en couleur sans nous en souvenir :

« Un monde différent, bien plus brillamment coloré s'ouvre à nos yeux lorsque nous nous endormons, et les gens n'en ont pas tous conscience. On entend et on lit souvent des discussions au sujet de la couleur des rêves. Il se trouve des gens, et même des peintres pour affirmer que nos rêves sont monochromes, comme une photographie. »

Mlle Mayer se souvient d'avoir rêvé, lorsqu'elle avait trois ans, de grands lions d'un brun-roux éclatant, dans un désert rougeâtre, sur un fond de ciel d'un bleu lumineux. « A partir de ce moment-là, rien n'a pu me faire douter de la couleur des rêves jusqu'à ce que, dans ma vie d'adulte, la perception que j'avais eue de ces couleurs se réveille à nouveau. Mais notre faculté de percevoir les couleurs meurt dès l'instant où nos yeux se ferment, si on ne l'entretient pas. »

Dans « Heaven and Hell » (Chatto & Windus) Aldous Huxley exprime l'idée que, dans un rêve, le symbolisme n'a pas besoin d'être coloré pour produire un effet. Les symboles matérialisent des conflits psychologiques qui peuvent être exposés très facilement sans aucun recours à la couleur. Pour étayer ce point de vue, il ajoute : « Il est intéressant de voir que, pour la plupart des gens, les rêves dont les couleurs sont les plus belles représentent des paysages, dans lesquels il n'y a aucune action, aucune référence symbolique à un conflit, mais simplement la présentation à la conscience d'un élément qui n'a rien à voir avec la nature humaine. »

Il n'existe pas d'explication psychologique satisfaisante de la présence de couleurs dans les rêves. « Nous sommes arrivés à la conclusion », écrit le Dr Hall, « que la couleur des rêves ne communique aucune information sur la personnalité du rêveur. » Cependant, diverses théories ont été avancées.

L'une découle des propos d'Huxley cités plus haut. Il croit que lorsque des symboles expriment des conflits psychologiques, la couleur n'est pas nécessaire. Aussi, d'après cette théorie, les rêves associés à des couleurs sont ceux qui ne présentent pas de conflit. L'objection principale qu'on peut y faire est qu'il se trouve que tous les rêves représentent un conflit, quel qu'il soit.

Ensuite, on trouve une théorie qui voit un rapport entre la coloration des rêves et les maladies corporelles. C'est Edouard Saby qui a proposé cette théorie dans « L'avenir révélé à tous » (Editions Jean Vitiano) où il déclare que les rêves qui présentent un excès de vert indiquent un problème de foie, tandis que ceux qui présentent un excès de rouge annoncent la possibilité d'une hémorragie.

« D'après Meunier et Masselon », écrit-il, « les troubles cardiaques et circulatoires déterminent des rêves où cette couleur prédomine. Artigues cite le cas d'une femme qui avait longtemps rêvé de sang et de flammes dans des cauchemars si terribles qu'elle se fit examiner par un médecin. Il découvrit qu'elle souffrait d'une endocardite. »

Une troisième théorie associe la couleur des rêves aux dons artistiques du rêveur.

Par exemple, une dame qui faisait des rêves très colorés expliquait : « J'ai toujours accordé beaucoup d'attention aux couleurs. Mon père enseignait l'art. J'ai toujours très clairement distingué le ton d'une couleur, le bleu ou l'or d'un rouge est pour moi aussi éclatant qu'une couleur primaire. Dans mon enfance, ma mère réprima totalement mes talents artistiques jusqu'à leur complète disparition. Elle souffrait considérablement de notre manque d'argent et ne voulait pas d'un autre artiste dans la famille. »

Nous pouvons en déduire que ces rêves en couleur libéraient les talents artistiques de cette femme, réprimés dans son enfance.

Gladys Mayer affirme que ses élèves lui disent souvent que le fait de prendre des cours de peinture les font rêver en couleur ; ce qui indique que tout en libérant les dons artistiques refoulés, de tels rêves permettent aussi de donner libre cours à ceux dont le rêveur est pleinement conscient.

Mlle Mayer tire les conclusions qui s'imposent, et ajoute : « On pourrait donc s'attendre à ce que tous les peintres rêvent en couleur. Beaucoup le font et il est évident que les surréalistes contemporains cultivent leur sens du rêve, qui est pour eux une source d'inspiration. Mais la qualité de leur sommeil et de leurs rêves dépend de ce à quoi ils s'attachent dans la vie réelle, que ce soit la forme, la couleur, le modèle, ou le jeu d'ombres et de lumières. »

Quant à l'opinion de l'auteur de ce livre, elle est que les rêves en couleur nous ramènent à l'enfance, en évoquant une émotion ressentie alors. Les couleurs sont tellement plus lumineuses, tellement plus étonnantes aux yeux d'un enfant ! En d'autres termes, le rêveur revit des souvenirs et des impressions qu'il a d'abord connus étant enfant.

Pour reprendre les mots de Wordsworth dans son « Ode sur l'immortalité » :

« Il fut un temps où Mer, Bois, Fleuve,
La Terre et les objets communs que nous voyons,
M'apparaissaient vêtus de célestes rayons,
De la limpide splendeur neuve
Des rêves et des visions. »

Les couleurs qui apparaissent dans un rêve en déterminent la tonalité émotionnelle. Ce fut le cas de ce rêve qu'avait fait une mère de famille de 48 ans :

« Je suis dans une cour carrée, dont les murs sont très hauts et très sombres, et une petite allée mène à l'extérieur. Des choses aux couleurs brillantes tombent du ciel. Quelquefois je suis seule, quelquefois au milieu d'une foule de gens. Les choses qui tombent varient : des étoiles, des ballons, de petites fusées... A chaque fois, je suis paralysée de frayeur. »

« Il m'a fallu mettre fin à un style de vie où je m'épanouissais », dit-elle, « pour prendre un emploi me permettant de rester à la maison. Quand je me suis mariée, j'étais très contente d'abandonner ce qui m'intéressait avant. Je ne faisais que ce qu'on me disait de faire. J'avais peu d'amis. Je me croyais très heureuse. Mon mari me disait ce que je devais dire ou ne pas dire aux gens. Je n'ai passé qu'une nuit loin de la maison. On m'a demandé de recommencer à enseigner, mais mon mari n'était pas d'accord. Je n'ai pas du tout confiance en moi. »

Cette masse d'objets brillamment colorés qui tombent du ciel indique une ambivalence de sentiments confirmée par les associations d'idées de la rêveuse : elle est paralysée par la peur mais heureuse de la situation que décrit le rêve.

Celui-ci dépeint avec fidélité la situation vécue par cette femme. Les hauts murs qui l'entourent symbolisent les restrictions qui lui sont imposées. Le fait qu'il y ait un chemin qui mène vers l'extérieur de la cour est positif : il conduit à la liberté. Le rêve montre cependant qu'elle n'est pas encore prête à quitter sa prison. Comme elle le dit, elle n'a pas du tout confiance en elle-même.

La foule de gens représente, d'après Freud, un secret. Cela illustre la loi des contraires, car un secret n'est connu que d'une ou deux personnes. Ce secret reste bien sûr inconnu de la conscience de la rêveuse, mais son insconscient (la conscience du rêve) le connaît, c'est-à-dire qu'il sait pourquoi elle s'est « mise en prison ».

Un élément supplémentaire en faveur de la théorie que les rêves en couleurs concernent l'enfance est fourni par les rêves d'une veuve de 73 ans, qui dit : « Pendant longtemps j'ai rêvé que j'entrais dans des maisons étranges sans être capable d'en ressortir. La première était pleine de couleurs gaies, et habitée par des acteurs chinois. Leurs visages étaient peints de couleurs éclatantes, comme des masques. » Elle y associait les idées suivantes : « Je me souviens que lorsque j'étais enfant, mon " amah " m'avait emmenée dans le coulisses d'un théâtre chinois. Elle pensait certainement que cela m'amuserait, mais je fus terrifiée. Mes parents ne surent jamais rien de cette visite. »

Ses réflexions confirment l'idée que de tels rêves sont liés à l'enfance, l'époque où le monde semble paré de couleurs si lumineuses. Ce rêve ressuscite une expérience enfantine particulière, la visite des coulisses d'un théâtre chinois. Si les rêves sont la matérialisation des désirs, pourquoi a-t-elle rêvé d'une chose qui l'avait terrifiée ? L'explication est qu'elle aimerait encore ne pas avoir été terrifiée, car dans ce cas, il aurait été plus facile de tout raconter à ses parents. Le rêve suggère qu'elle revivait cette expérience pour se donner une deuxième chance de venir à bout des sentiments que cette visite avait provoqués.

Nous ne sommes pas actuellement en mesure de choisir entre ces différentes théories, car chacune possède des qualités et des défauts. Il y a probablement, par exemple, des malades qui ne rêvent pas en couleur, et par conséquent leur condition physique ne s'y reflète pas. De même, il est probable que certaines personnes rêvent en couleur et n'ont pas de talents artistiques pour autant. Et on pourrait aussi objecter à l'auteur de cet ouvrage que les rêves en couleur ne sont pas les seuls qui concernent les émotions éprouvées au cours de l'enfance. C'est également vrai des rêves en noir et blanc.

Il nous faut donc laisser ce sujet dans un état qui est vraisemblablement le même que celui où nous l'avions trouvé. On ne peut affirmer que l'une des théories soit vraie et les autres fausses. Des recherches plus poussées aboutiront sans aucun doute à l'éclaircissement de ce problème. D'ici là, il ne nous reste plus qu'à... dormir sur nos deux oreilles, et apprécier les rêves en couleur pour leur beauté intrinsèque et le plaisir des émotions qu'ils suscitent.

13

Les phénomènes hallucinatoires

Il y a quelques années, devant passer une nuit à Londres, je m'étais installé dans un hôtel situé près de Marble Arch. La chambre que j'avais louée était contiguë à une salle de bains. Une porte, que je croyais fermée en allant me coucher, séparait les deux.

Je me réveillai au petit jour, et m'assis sur mon lit, avec un sentiment d'inquiétude. Un homme au visage sinistre me fixait, de la salle de bains. Je me frottai les yeux, doutant de ce que je voyais. Je regardai encore et le visage était toujours là, mais le temps que j'allume la lumière, il avait disparu.

Je sortis du lit, et entrai dans la salle de bains. J'étais le seul occupant des deux pièces. La porte de la salle de bains était ouverte, mais la fenêtre fermée ne présentait aucune trace d'effraction. Je retournai au lit, fort intrigué.

Ma femme avait connu une expérience de ce genre dans un hôtel de Landudno quelques années auparavant. A cette époque-là nous étions en vacances avec nos deux enfants, qui partageaient notre chambre. La cadette dormait dans un berceau. Une nuit ma femme s'éveilla pour voir une silhouette féminine penchée sur le berceau. Cette silhouette s'évanouit elle-aussi dans les airs, après toutefois un laps de temps plus court que ma propre vision, qui avait duré environ dix secondes.

Je n'avais en fait pas pu voir la silhouette, car je continuais de dormir pendant que cela avait lieu, mais ma femme me raconta tout le lendemain matin.

Ce que chacun de nous avait vu devait être les dernières images d'un rêve, qui avaient persisté pendant quelques secondes après le réveil. Les éléments principaux de ces rêves avaient été oubliés, comme, nous le savons, c'est bien souvent le cas.

L'exemple de vision le plus traditionnellement cité, et qui a donné lieu à plus de controverses que tout autre, est le récit contenu dans « An Adventure », écrit par deux professeurs d'Oxford, Mlle Moberly et Mlle Jourdain, qui visitèrent Versailles en 1901.

Elles y vécurent une remarquable expérience, car elles virent ce qu'on a jugé être la représentation d'événements survenus du temps de Marie-Antoinette. Elles avaient demandé leur chemin à des hommes coiffés de tricornes, à un autre revêtu d'un manteau sombre, au visage criblé par la petite vérole, et à une femme au chapeau blanc, qui dessinait.

On a longtemps tenu cette expérience pour purement psychique, malgré les tentatives pour l'expliquer de façon entièrement naturelle. Une de ces tentatives se fondait sur le livre de

Philippe Jullian, « Robert de Montesquiou ». Le comte de Montesquiou était un Français qui s'était installé dans une maison proche du Petit Trianon, juste avant la visite des deux « ladies » à Versailles. Il possédait la clé des jardins, avait l'habitude de se déguiser, et recevait probablement des amis vêtus de costumes du dix-huitième siècle. Cette explication a été contestée à cause du fait qu'être vu près de Paris au mois d'août, lors de la visite des demoiselles, aurait valu à Montesquiou et à ses amis le mépris de la société mondaine qui était la leur.

Nous avons émis la suggestion, qui ne s'applique pas à ce dernier cas, qu'une vision ou une hallucination peut se produire parce que les images d'un rêve persistent brièvement après le réveil. Mais des visions similaires peuvent également survenir lorsque, couchés, nous sommes sur le point de nous endormir. Nous avons mentionné ce détail au chapitre 2, en nous référant aux hallucinations hypnagogiques.

Plusieurs aspects se combinent pour donner à ce phénomène un caractère digne d'attention. L'un est que les images sont souvent de couleurs très vives. Pour prendre un exemple, nous pouvons citer les propos du directeur d'une entreprise de construction : « Quand je suis au lit, avant de m'endormir, je vois des feuillages aux couleurs éclatantes danser devant mes yeux. Si cela n'était arrivé qu'une fois, je n'y aurais plus pensé, mais ça se produit régulièrement. Les images sont très nettes et les paysages ont toujours l'air tropicaux. Au moment où je les vois, je ne suis pas en train de dormir. J'ai beau essayer, je n'arrive pas à les effacer. C'est encore plus bizarre si l'on pense qu'en temps normal je suis incapable de me représenter un paysage en imagination. »

Mlle J. M. H. racontait quand à elle : « Très fréquemment, surtout lorsque je me repose l'après-midi, je fais des rêves. Ils ne ressemblent pas à des rêves au sens véritable du terme, car je reste consciente de tout ce qui se passe autour de moi. Hier après-midi, par exemple, j'ai rêvé que je menais les enchères pour une maison, dans une salle de ventes. En sortant de cette salle, j'ai vu un paysage marin absolument superbe, dont même à présent je me souviens en détails. Ce n'était certainement pas une réminiscence d'un tableau où d'une de nos côtes maritimes. Pendant que je regardais ce paysage, un homme vint près de moi, et récita : « Seul ce qui est gravé dans le cœur peut... » — J'ai oublié le reste.

« C'est le rêve le plus récent, mais non le seul, que j'aie fait dans cet état intermédiaire. »

Ainsi que les paysages, des visages apparaissent dans ces visions hypnagogiques. « Très souvent », dit M. C. J. O'N., « quand je m'allonge la nuit, je suis tourmenté par la vision d'une série de visages qui se transforment interminablement, toutes sortes de visages étranges qui deviennent progressivement différents. Parfois ils me lancent des regards mauvais, et sourient d'un air sardonique, parfois ce sont des visages bibliques, barbus, aux traits fortement dessinés.

« Cela peut durer jusqu'à une heure, et pendant tout ce temps je suis parfaitement éveillé.

C'est une impression déplaisante — c'est le moins qu'on puisse dire. »

Les hallucinations hypnagogiques sont habituellement liées au sens de la vue. Mais dans le cas suivant, Mme I. M. W. décrit des visions qui contiennent des images dérivant des sens auditif et olfactif aussi bien que du sens visuel.

« Lorsque je suis couchée, je vois dans le mur une lucarne à travers laquelle non seulement je vois mais j'entends toutes sortes de choses. Un matin j'ai vu des centaines de mouches à viande, et je les entendais bourdonner. Un autre matin j'ai vu une cour de ferme, close par deux grandes portes vertes. A gauche, il y avait une vache blanche et rousse et à droite, une autre, blanche et noire. La première meugla et sauta par-dessus la porte. A ce moment celle-ci s'ouvrit et je vis des compartiments où se trouvaient quatre autres vaches. Une nuit j'ai vu la rive du fleuve couverte de roses. Je pouvais même en distinguer l'odeur. J'ai vu des prairies où galopaient des chevaux. J'ai vu et entendu des avions. J'ai l'habitude de dire à mon mari : " Je me demande ce que je vais voir par ma lucarne, cette nuit ! " »

Se pourrait-il que les personnes qui relatent des visions hypnagogiques aient revécu des expériences connues dans le passé ? Il pourrait s'agir d'expériences si anciennes qu'elles en auraient perdu le souvenir. Et dans l'état de veille qui précède le sommeil une condition particulière de l'esprit permettrait aux souvenirs enfouis de remonter à la surface.

Les visages vus par M. C. J. O'N., par exemple,

seraient des bribes de souvenir de ceux qui se sont penchés sur sa voiture d'enfant pour lui sourire, alors qu'il n'était qu'un bébé. L'imagerie biblique s'imprime elle-aussi très fortement sur l'esprit d'un enfant. Voici un autre récit qui pourrait dériver originellement de la même source.

Mme E. A. C. raconta : « Il y a un certain temps, je me suis réveillée très tôt, un matin. Je fus stupéfaite en voyant une scène apparaître très soudainement. J'y voyais le Christ gravir péniblement une colline ; il était vêtu d'une tunique blanche très ample, coiffé d'une couronne d'épines, et portait la Croix sur son dos. Il était accompagné par un homme de forte carrure, au teint foncé, et derrière eux une longue ligne de gens suivait. »

Elle précisa qu'elle n'avait jamais vu de tableau ou d'image ressemblant à cette vision. Il est cependant possible que bien qu'elle ait vu un tel tableau, elle n'ait pas pu s'en rappeler à ce moment-là. Ou elle pourrait avoir crée une représentation mentale d'un passage qu'elle aurait lu, probablement dans la Bible. Ce serait conforme à la version de l'apôtre Jean, qui dit que le Christ portait lui-même la Croix, tandis que les autres transcripteurs des Evangiles déclarent que Simon de Cyrène la portait à sa place. Luc donne une précision qui apparaît dans la vision : « Un grand nombre de gens suivait » (Luc 23 ; 27)

S'il vous est déjà arrivé d'avoir une hallucination, vous savez que le fait qu'aucun objet externe n'existe n'a pas du tout d'importance.

Cette image était pour vous aussi concrète qu'un objet perçu en réalité.

Votre certitude d'avoir vu quelque chose de réel est encouragée par l'intensité et la netteté de cette expérience. Mais surtout, elle est déterminée par ce qui se passe en vous, comme pour les rêves que vous faites en dormant. Cela ne veut pas dire que votre jugement ne soit pas sain, ou qu'il faille mettre votre intelligence en question.

Néanmoins, quand votre esprit vous joue de tels tours, vous vous demandez ce que vous pouvez faire. Si ces images sont enrichissantes pour votre personnalité et encouragent des aspirations artistiques, musicales ou littéraires, ce serait certainement dommage d'essayer d'y mettre fin. Ce faisant vous ne feriez qu'appauvrir votre vie intérieure.

Mais si elles vous inquiètent ou vous effrayent — car certaines peuvent être extrêmement inquiétantes — vous pouvez trouver un réconfort en vous conformant à cette méthode :

Lorsque vous vous trouvez confronté à quelque phénomène mental que vous ne comprenez pas, cherchez à l'expliquer simplement. Conservez à l'esprit le fait que de nombreuses expériences de cette espèce proviennent de souvenirs. A un moment donné, vous avez vécu ces expériences, mais vous les avez oubliées jusqu'à ce que leur souvenir soit, par un processus mental inhabituel, rematérialisé sous forme de visions hypnagogiques ou d'hallucinations.

14

Vers la connaissance de soi

L'amélioration de la connaissance de soi est l'une des fonctions créatrices du rêve les plus importantes. Il arrive que le rêve révèle au rêveur ou à la rêveuse sa personnalité propre, de manière générale, mais quelquefois l'aide reçue peut prendre la forme de la compréhension, acquise par la personne elle-même, d'un problème précis comme l'origine d'une dépression nerveuse. Ces deux types de cas sont illustrés dans les exemples que voici.

Un jeune homme disait ne pas se sentir sûr de lui et manquer de confiance dans ses aptitudes à réussir professionnellement.

Il fit le récit du rêve suivant : « La scène se passe dans un grand immeuble en voie de construction, où je travaille pour une entreprise de bâtiment. Je me revois en train de marcher, enveloppé d'un duffle-coat épais, et coiffé d'un casque de protection. Puis je commence à me sentir très fatigué et à avoir sommeil, alors je me dirige vers une cabane, m'assure que personne ne m'a vu, je m'étends de façon à être à l'aise, et je m'endors. Je suis réveillé par un de mes supérieurs, qui bien évidemment me demande pourquoi je suis en train de dormir alors que je devrais travailler. Je cherche précipitamment une excuse, que je trouve bien vite. Je lui dis que j'ai pris froid, et que je ne me sens pas bien du tout. C'est faux, mais il accepte cette excuse et me dit de prendre quelques jours de congé pour mieux pouvoir me soigner. »

Le rêveur analysa lui-même son rêve : « Le fait que je m'endorme et sois découvert indique que j'ai peur de ne pas accorder suffisamment d'attention à mes responsabilités. »

Il s'accuse d'avoir envie de négliger ses devoirs. L'accusation est formulée par le supérieur qui s'enquiert de la raison de sa conduite. Ce supérieur symbolise la propre conscience du rêveur (la conscience est un agent moral supérieur, qui émet des critiques, tout comme un supérieur hiérarchique est en droit de le faire).

Le rêve exprime un aspect de la personnalité du jeune homme, le désir découlant d'un manque de confiance en ses aptitudes professionnelles de ne pas travailler du tout. Ce désir réprimé d'éviter tout travail est satisfait sans que le rêveur ait à se sentir coupable du fait que c'est le supérieur qui conseille un repos de quelques jours.

Un expert-comptable, marié, et âgé de 44 ans, avait fait une dépression nerveuse. Le médecin qui le soignait déclara que le problème de son patient était de ne pas avoir suffisamment de volonté pour décevoir les autres et que, par conséquent, il essayait toujours de donner plus de lui-même qu'il ne le pouvait. Un psychiatre lui avait aussi dit qu'il se préoccupait beaucoup trop de l'opinion de ses clients, et que son désir de contenter tout le monde était exagéré.

Cet homme raconta un rêve : « Un prédicateur est sur le point de commencer son sermon. Il annonce qu'une jeune fille, présente à l'église, a un problème particulier, et qu'il se propose de traiter de ce problème publiquement, dans son sermon. Il n'a pas plus tôt commencé qu'une autre jeune fille se lève, et sort en emmenant la première avec elle. La congrégation se met aussitôt à adresser des reproches au prédicateur, qui, se rendant compte du chagrin qu'il a infligé, s'effondre en pleurant et en protestant de ses bonnes intentions. Pour ma part, je suis assis parmi les accusateurs, et je le blâme plus sévèrement que tous les autres. »

La méthode par association d'idées le mena à évoquer les souvenirs suivants : « J'étais prédicateur, avant d'avoir ma dépression nerveuse et de tout devoir abandonner. Quand j'étais jeune, mon père était très strict avec moi ; il exigeait que ses enfants réussissent par le travail. Il avait l'habitude de nous mettre mal à l'aise en dévoilant nos sottises devant tout le monde, pour nous corriger ; je pense que cela partait d'une bonne intention. Je m'aperçois à présent qu'il faisait fausse route, même s'il voulait bien faire. »

Cela nous incite à penser que le prédicateur du rêve est en fait le patient lui-même, ou plutôt devrions-nous dire une partie de lui-même, puisqu'on en retrouve aussi une autre (« Pour ma part, je suis assis parmi les accusateurs »).

Le rêve montre que le souci excessif de l'opinion d'autrui, auquel le psychiatre faisait allusion, constitue une défense contre le désir refoulé de faire du mal — dé   qui se trouve satisfait au moyen de la révélation d'une affaire personnelle à l'assistance.

Cela ne peut se réaliser sans provoquer un sentiment de culpabilité chez le rêveur, ce qui exige qu'il se punisse lui-même en compensation.

Cette autopunition est imaginée dans le rêve sous la forme du blâme que le prédicateur encourt de la congrégation, qui représente « les autres », dont il est excessivement dépendant. Son effondrement à la chaire symbolise la dépression nerveuse, produite, comme l'indique le rêve, par un sentiment de culpabilité face au désir refoulé de faire du mal.

Le rêveur joue un double rôle dans son rêve, il est à la fois l'accusé et l'accusateur. L'accusé c'est cette partie de lui-même qui désire inconsciemment causer du tort (le prédicateur), tandis que l'accusateur est sa conscience (symbolisée par la partie de lui-même dont le blâme est si sévère).

Nous pouvons en conclure que le désir de faire du mal que reflète le rêve, est provoqué par le désir de se venger de la peine que son père lui infligeait. Dans le rêve, il imagine qu'il rend la « monnaie de sa pièce » en dévoilant le problème de quelqu'un d'autre en public, lui qui avait dû subir cette épreuve dans son enfance. Pendant un instant il assume le rôle du père, châtiant de la même manière qu'on l'avait châtié.

Une femme mariée, d'âge mûr, nous demanda conseil : « J'ai fait un effort pour comprendre mes doutes et mes angoisses, et je me demandais si mes rêves pouvaient apporter une réponse à certains d'entre eux. Je me suis rappelé de trois rêves, que j'ai notés. Est-ce qu'ils signifient quelque chose, d'après vous ? »

Les rêves étaient les suivants :

1. « J'allais voir ma sœur, qui a une fillette de dix ans. La petite s'approcha de moi ; elle se comportait et était vêtue comme un enfant de quatre ans. »

2. « J'étais dans un parc de stationnement automobile, nous partions quelque part mon mari et moi. Il me dit qu'il devait assurer le tour de garde nocturne, dans son service. Furieuse qu'il perde sa nuit de sommeil alors qu'un long voyage nous attendait, j'allais me plaindre à son bureau, mais personne ne voulait m'écouter. Et puis, quand nous avons essayé de garer la voiture, nous avons dû la pousser vers le sommet d'une pente abrupte, couverte de gravillons. Nous poussions sans cesse, mais le gravier glissait sous nos pieds, et nous reculions. »

3. « Nous étions partis en pique-nique, au bord de l'eau. Une cuillère tomba, et resta à la surface. Ma fille essaya de la récupérer, mais elle tomba à l'eau. L'eau devint un torrent, qui s'engouffrait dans une caverne. Je plongeai pour sauver ma fille. Et puis elle se trouva au-dessus de moi et plongea pour me secourir. Nous étions toutes deux saines et sauves, mais nous pouvions voir l'eau disparaître dans les profondeurs de la terre. »

Dans le premier rêve, la fillette vient à la rencontre de la rêveuse. Il est probable que celle-ci ait substitué à la petite fille son propre enfant. Le rêve indique la possibilité qu'elle désire que sa fille soit plus dépendante (comme un enfant l'est d'un adulte quand il apprend à marcher) ou qu'elle ait envie d'aller vers sa mère.

Cette idée semble se répéter dans le troisième rêve, dans lequel elle imagine que sa fille dépend d'elle pour être sauvée des conséquences de son acte. La mère voit sa fille tomber. Dans les rêves, ainsi que nous l'avons dit au chapitre 5, l'action littérale de tomber a souvent un sens moral ou émotionnel : elle représente le fait de tomber dans le péché, de tomber amoureux, etc. Lorsque la rêveuse tente de sauver sa fille, elle découvre que leurs rôles sont inversés : c'est la fille qui est à même de la sauver. Il semblerait donc que, non contente de désirer que sa fille dépende d'elle, la mère soit, dans une certaine mesure, dépendante de son enfant.

Deux rêves peuvent être complémentaires, l'un montrant ouvertement ce que l'autre déguise. Ce point, abordé au chapitre 6, est illustré par le premier et le troisième rêve. Ainsi, dans le premier la fillette prend les traits de sa cousine, et le désir de la rêveuse d'être nécessaire à son enfant est exprimé par le fait qu'une petite fille vienne à sa rencontre. En revanche, dans le troisième rêve, la fille et l'idée de dépendance entre la mère et la fille apparaissent clairement.

Que devons-nous penser du deuxième rêve ? Il semble qu'on y trouve le désir de surmonter une situation difficile qui concerne la rêveuse et son mari. Le conflit de ce rêve se situe entre le désir de poursuivre le voyage (dans les rêves, un voyage représente le cheminement du rêveur à travers la vie) et son inaptitude à protester ou à vaincre les obstacles qui gênent leur chemin. Il ne devrait pas être trop difficile pour elle de voir le rapport entre un tel conflit et sa situation dans la vie réelle. Le rêve dit qu'elle essaye de pousser, d'avancer, mais qu'elle ne cesse de reculer, de glisser en arrière.

Lors de la discussion de cette interprétation, la rêveuse confirma l'idée d'un conflit intérieur.

Elle remarqua également : « Je n'ai pas l'impression de m'intéresser autant à ma fille que ne le feraient d'autres mères, mais je me sens réellement liée à mon fils. Peut-être que le sexe des enfants n'a pas d'importance, dans un rêve. »

Nous pensons comme elle que c'est possible. De la même manière qu'elle a remplacé sa propre enfant par celle de sa sœur, elle pourrait avoir substitué l'un de ses enfants à l'autre. De cette façon le rêve parvient à préserver le déguisement imposé par la conscience, il dissimule l'expression de ses désirs.

« J'apprécie votre gentillesse et l'aide que vous m'avez apportée », ajouta-t-elle, « Je m'acharne à comprendre qui je suis afin de mieux pouvoir me plier aux joies et aux peines qui sont le lot de la vie, mais on dirait qu'il me faut surmonter une tendance à être anxieuse et à éprouver un sentiment d'échec. J'espère que je trouverai dans mes rêves le moyen d'y parvenir. »

Cette dernière confidence exprime trois émotions tout à fait caractéristiques des personnes qui cherchent à se découvrir à travers leurs rêves. Ces émotions sont la gratitude, le trouble, et l'espoir. Elles espèrent que l'étude de leurs rêves mettra à jour le mécanisme sous-jacent qui régit leurs problèmes émotionnels. Si cette étude est suffisamment poussée, on peut être sûr qu'elle répondra à leur espoir. Ces personnes sont profondément troublées par des émotions qu'elles ne comprennent pas et sur lesquelles elles ne semblent avoir aucune prise. C'est seulement avec le temps qu'elles finissent par se rendre compte qu'avec la compréhension, elles gagnent un moyen de les contrôler. Le fait d'atteindre la connaissance de soi les place dans une meilleure position pour agir sur leurs tendances émotionnelles. Enfin, elles sont reconnaissantes, et de manière souvent profonde et touchante, à quiconque leur montre que dans la confusion où elles se trouvent, il y a encore une lueur d'espoir. La lucidité que l'interprétation d'un rêve leur procure est une expérience enrichissante, et l'impression de soulagement qui en découle leur fait ressentir une profonde gratitude.

Nous espérons quant à nous que bien d'autres personnes s'efforceront de prendre connaissance des principes fondamentaux de l'interprétation des rêves. Alors, lorsque le besoin s'en fera sentir, elles pourront être une source de réconfort et d'espoir pour un de leurs semblables ayant à supporter un lourd fardeau de difficultés émotionnelles.

Achevé d'imprimer en mai 1985
sur les presses de l'Imprimerie Bussière
à Saint-Amand (Cher)

— N° d'édit. 102. — N° d'imp. 577. —
Dépôt légal : juin 1985.

Imprimé en France